ODENWALD

Kulinarische Streifzüge

ODENWALD

Kulinarische Streifzüge

Texte von Willi Weckbach, Peter W. Sattler,
Horst Schnur und Rolf Reutter

Mit 60 Rezepten,
exklusiv fotografiert
für dieses Buch
von
Hans Joachim Döbbelin

SIGLOCH
EDITION

ASCHAFFENBURG
HANAU
BABENHAUSEN
DARMSTADT
DIEBURG
WIESBADEN
FRANKFURT
GRIESHEIM
Rhein
Neckar
MANNHEIM
LUDWIGSHAFEN
HEIDELBERG
SPEYER
KARLSRUHE
PFORZHEIM
HEILBRONN
STUTTGART
MILTENBERG
AMORBACH
MOSBACH
EBERBACH
Bad Wimpfen
Heilbad-Heilklimatischer Kurort
Wildgehege
Weinanbau
Flugplatz
Limes
0 2 4 6 8 10 Kilometer

Inhalt

Küche, Land und Leute

Rezepte

Der Odenwald ist Erholungsgebiet für Naturfreunde und Wanderer. Auch kulturell und kulinarisch hat diese Mittelgebirgslandschaft jedem Besucher etwas zu bieten.

Liebe Leserin, lieber Leser,
mein Wunsch, ein Odenwälder Kochbuch zu veröffentlichen, reicht bis in das Jahr 1966 zurück. In eine Zeit also, in der es noch wenige regionale Kochbücher gab. Jetzt endlich konnte er in die Tat umgesetzt werden. Viele der alten Rezepte wurden von den Odenwälder Landschulen beigesteuert. Diese bodenständigen Gerichte aus Omas Küche stellen gewissermaßen die Grundausrüstung einer jeden Odenwälder Köchin dar. Doch Bodenständiges wurde bereichert durch die neuen Kreationen der renommierten Odenwälder Gastronomie, die heute Feines mit den Produkten der Region verbindet und so eine kulinarische Brücke schlägt zwischen alt und neu, zwischen herzhaft und leicht. Die Wiederbelebung und Erneuerung alter Traditionen und Essensgewohnheiten findet übrigens auch jedes Jahr in den Odenwälder Kartoffel- und Lammwochen ihren Ausdruck, die immer beliebter werden. Sehen und erleben Sie, wie vielfältig diese Landschaft ist, wie liebenswert Land und Leute sind und genießen Sie, wozu Sie gerade Lust haben, in diesem Buch ist für jeden etwas dabei.

Guten Appetit wünscht

Horst Schnur, Landrat
Vorsitzender der Interessen-Gemeinschaft Odenwald (IGO)

Ein liebenswürdiges Mittelgebirge

Wenn ein Odenwälder in der Fremde gefragt wird, woher er komme, dann sagt er zwar „aus dem Odenwald“, setzt aber im selben Atemzug hinzu „zwischen Frankfurt und Heidelberg“.
Damit markiert er seine geographische Heimat und Mentalität zugleich. Wegen des hohen Bekanntheitsgrades dieser beiden Städte wählt der Odenwälder diese ungefähre Lagebeschreibung, wohl wissend, daß er mit dieser Angabe nur die halbe Wahrheit sagt. Andere Eckpunkte dieses waldreichen Mittelgebirges im Südwesten Hessens sind Darmstadt, Heidelberg, Obernburg, Miltenberg, Buchen, Mosbach und Eberbach.
Je nach topographischer Lage, nach geologischer Kennzeichnung oder hinsichtlich seiner Größe und politischen Zuordnung spricht der Einheimische vom „Tiefen“, „Hohen“, „Vorderen“, „Hinteren“ oder „Kleinen“ Odenwald, vom „Kristallinen“ und „Sandstein-Odenwald“ vom „Bergstraßen-Odenwald“ und vom „Hessischen“, „Badischen“, „Fränkischen“ oder „Bayerischen“ Odenwald. Bei so viel Odenwald weiß dennoch keiner zu sagen, woher dieses Mittelgebirge seinen Namen hat. Mindestens ein Dutzend Deutungsversuche gibt es, ebensoviele wie der Odenwald Siegfriedbrunnen zählt. Woher also der Name Odenwald kommt, wissen allein die Götter. Aber vom germanischen Obergott Odin mit Sicherheit nicht, der hieß im Odenwald Wotan. Und wer weiß schon genau, ob die heutigen Odenwälder nun von den Kelten, Römern, Neckarsueben, Alemannen, Burgunden oder Franken abstammen?
Der Odenwald ist nur scheinbar ein einheitliches Ganzes und hat viele Gesichter. Auch seine Grenzen sind fließend. Nur im Westen bildet die Bergstraße zur Rheinebene hin eine markante Linie. Im Süden hat der Odenwald Anschluß an das Neckartal und den Kraichgau, im Südosten an das Bauland. Im Osten setzt er sich – durch das Maintal getrennt – im Brudergebirge Spessart fort. Im Norden schließlich taucht der Odenwald in hügeligem Übergang zur Mainebene hin ab, in Darmstadt verschwindet er in sanften Wellen unter dem dortigen Straßenpflaster. Nichts kennzeichnet die Oberflächengestalt besser als dieses Zwiegespräch: Da fragt ein Fremder einen Einheimischen: „Wo geht es denn hier nach Erbach?“ Darauf die

Wenn auch die schönen Trachten der Odenwälder der Vergangenheit angehören, bei Festen, Folkloreveranstaltungen und Märkten werden sie doch immer wieder gerne aus den Truhen geholt und stolz präsentiert.

Graf Franz I., der letzte Souverän der reichsunmittelbaren Grafschaft Erbach, war es, der das Elfenbeinkunsthandwerk eingeführt und an die Bürger der Stadt weitergegeben hat. In Erbach befindet sich eine ganze Reihe von Elfenbeinschnitzwerkstätten. Heute werden die Kunstwerke wie etwa die weltberühmte Erbacher Rose aus Gründen des Artenschutzes nicht mehr aus Elefanten-, sondern aus Mammutelfenbein, das aus dem ewigen Eis Sibiriens stammt, herausgeschnitzt.

Antwort des Ureinwohners: „Do misse Se erscht die Häih naus, de Buckel nunner un dann es Ding mit de Hersch zusamme noi uf Erboach."
Auch der Graf von Erbach muß sich den Geländeformen fügen, das stellte schon ein Odenwälder Original, der Raubacher Jockel, fest: „Un wann du aa en Graf bischt, sou muschde doch de Buckel nuff, dann de Buckel nunner, un dann wirrer enuff, schunscht kimmscht de doi Lebtag net in die Raubäsch."
Bergrücken und Hochflächen, enge oder weite Täler gliedern dieses Mittelgebirge. Während der südöstliche Teil des Odenwaldes sanfte, gewellte und mehr ruhige Geländeformen zeigt, vermittelt der nordwestliche mehr den herben, gekuppten, unruhigen Eindruck. Die Höhenlagen schwanken zwischen 400 und 500 Metern oder liegen wenig darüber, mit den höchsten Erhebungen des Melibokus von 517 Metern im Vorderen Odenwald und des Katzenbuckels von sogar 626 Metern im Hinteren Odenwald.
Der wasserreiche Odenwald bedient die größeren Flüsse großzügig mit seinem wertvollen Naß: Die Bäche Weschnitz mit Lauter, Winkelbach und Modau münden in den Rhein, Gersprenz, Mümling und Mud strömen dem Main entgegen. Steinach, Ulfenbach/Laxbach, Gammelsbach, Finkenbach, Itterbach und Elz eilen zum Neckar hin. Die größte Wasserfläche bildet der Marbachstausee zwischen Beerfelden, Mossautal und Erbach mit immerhin 22 Hektar Dauerstaufläche.
Der Odenwald ist nicht nur mit Wald bedeckt, wie der Name vermuten läßt, er weist auch ein beträchtliches landwirtschaftlich genutztes Kulturland auf und vorwiegend dörflich-ländliche Besiedlung. Aber ein „Hinterwald" war und ist er damit noch lange nicht. Die Dörfer sind im Wachsen, Ausflügler an Wochenenden aus den nahen Ballungsgebieten nehmen ständig zu. Die Menschen, die nicht in der heimischen Industrie, im Handwerk, in der Landwirtschaft oder im Fremdenverkehrsgewerbe beschäftigt sind, pendeln in die Ballungsgebiete an Rhein, Main und Neckar.
Die „Eingeplackte" und „Reingeschneischte" werden von den Einheimischen gerne aufgenommen, wenn sie sich anpassen und am herben Duft der Landwirtschaft und dem Hähnekrähen in

aller Herrgottsfrühe keinen Anstoß nehmen. Viele Städte und Gemeinden sind entweder staatlich anerkannte Luftkurorte, Erholungsorte oder Heilbäder. Politisch gegliedert ist der Odenwald in die hessischen Landkreise Darmstadt-Dieburg, Bergstraße und Odenwaldkreis, in den baden-württembergischen Rhein-Neckar-Kreis und Odenwald-Neckar-Kreis sowie in den bayerischen Landkreis Miltenberg und Obernburg.
Wechselhaft äußern sich Augenzeugen, Zeitgenossen und Reiseberichterstatter über das Bergland, das sich Odenwald nennt. Bezeichnen die einen den Odenwald als „steinigt mit magerem Ertrag“ oder als „in keiner Weise begünstigt“, so sind andere wiederum voll des Lobes: „nährende Äcker und fröhlich gedeihende Obstbaumpflanzungen“, „wohlbebaute Fluren“ und gar von einer „reichen Gegend“ und von „reichen Feldern“ ist die Rede. Wie sich doch die Zeiten geändert haben! P.C. Tacitus (55 bis 116 n.Chr.) schreibt noch in seiner Germania, daß Germanien „durch seine Wälder unheimlich, durch die Sümpfe abstoßend“ wirke. Welch ein Kontrast zu einer Meinung aus dem 20. Jahr-

Das Erbacher Schloß, einstige Residenz der Grafschaft Erbach, beherrscht das gesamte Stadtbild. Teile des Schlosses werden noch heute von Graf Franz II. zu Erbach-Erbach und dessen Familie bewohnt. In den übrigen Räumen sind die bekannten gräflichen Sammlungen untergebracht.

Nächste Doppelseite: Das sanfte Klima der Oberrheinischen Tiefebene begünstigt die Baumblüte im Odenwald. Hier setzt sie oft schon um die Osterzeit ein.

P
P

Oben: Darmstadt, die Stadt im Walde, ist das nördliche Tor zum Odenwald. Das Wahrzeichen der Stadt, der Hochzeitsturm, gilt als Markstein des Jugendstils, rechts daneben die Russische Kapelle.

Links: Die historische Innenstadt Mosbachs mit vielen Fachwerkhäusern und kleinen Gäßchen lädt zum Verweilen und Bummeln ein.

Ganz links: Heppenheim an der Bergstraße mit seinem malerischen Marktplatz.

hundert: „Der Odenwald ist Deutschlands liebenswürdigstes Mittelgebirge“. Der römische Schriftsteller Ammianus Marcellinus – er dürfte von Tacitus übernommen haben – bezeichnet im 4. Jahrhundert den Odenwald noch als einen „durch schreckliche Finsternis Schauder erregender Wald“. Das 18. Jahrhundert entwirft ein eher romantisches Stimmungsbild von der Kulturlandschaft des Odenwaldes: „Eingebettet in die zahlreichen Berge liegen ebene, liebliche Täler und Tälchen, die von kristallklaren Bächen und Rinnsalen durchflossen werden. Wohin man auch blickt, überall fällt der Blick auf blumenbedeckte, saftige Wiesen und reiche Felder sowie auf grüne Berge, die im Schmuck der Äcker, Weinberge, Gemüsefelder, Gebüsche und reich behangener Bäume prangen. Hier färbt sich ein Landstrich golden im ernteреifen Korn, dort trägt ein anderer überreich Obst. Hier wieder fließen lieblich murmelnd Bäche zwischen den hohen Felsen zu Tal, dort fällt das Auge auf prächtige Herden.“

„Der Odenwald ist ein Gebirge voll eigenartigen Reizen, ungleich den anderen Mittelgebirgen unseres Vaterlandes, dem einsamen, fast düsteren Harze, dem waldreichen Thüringerwalde, dem ernsten Spessart, dem so außerordentlich wechselreichen Schwarzwalde“, sagt Georg Volk in seinem Odenwaldbuch aus dem Jahre 1900. Und noch eine Meinung eines Zeitgenossen aus unserem Jahrhundert: „Hinter der Bergstraße atmet der Odenwald, Deutschlands zärtlichstes Mittelgebirge“. Die Bergstraße, „die deutsche Riviera“, der Odenwald, „die Hessische Schweiz“, das Maintal, „das Paradies der Fröhlichkeit“, das Neckartal der Dichter der Romantik, sie alle bilden eine gefühlsmäßige Einheit. Was Bergstraße und Odenwald angeht, so hat Julius Weber die schönsten Worte gefunden: „Sie gehören zusammen wie ein verliebtes, ein junges Paar, die feine Bergstraße und der heitere Odenwald.“ Es ist in der Tat unstrittig: Nicht umsonst heißt der Odenwald auch „die Hessische Schweiz“. Er ist längst ein Markenbegriff, ein Gütezeichen geworden, das viele Urlauber als Garant für Qualität kennengelernt haben. Allerdings hat sich auch im Odenwald die Naturlandschaft längst zur Kulturlandschaft gewandelt, die es als Naturpark Bergstraße-Odenwald zu schützen gilt.

Links: Bad König im windgeschützten Mümlingtal. Hier wird der Besucher mit Heilwasser aus 300 Metern Tiefe, mit Kuren in modernen Erholungseinrichtungen wie Thermal- und Bewegungsbädern gehegt und gepflegt. Für die Unterhaltung sorgt ein abwechslungsreiches Freizeitangebot.

Oben: Die Lindenfelser Bürger feiern gern. Das Burg- und Trachtenfest gipfelt alljährlich in einem Umzug, bei dem über 400 Odenwälder Trachtenträger teilnehmen.

Rechts: Gras-Ellenbach, das Nibelungendorf, ist ganz auf die Sagenwelt eingestellt. An dieser Stelle soll Hagen Siegfried den Speer in die verwundbare Stelle am Rücken gestoßen haben.

Ganz rechts: Lindenfels, die „Perle des Odenwaldes“, und einziger heilklimatischer Ort dieses Landstrichs.

Sou wie mer babbelt

Schafe sind natürliche Rasenmäher, die auch noch Fleisch, Milch und Wolle liefern. Im Odenwald gehören die genügsamen Wollknäuel schon längst wieder zum Alltag und bereichern Landschaft, Speisekarten und Molkereien.

Was spricht der Odenwälder? Hochdeutsch – im Gegensatz zum Niederdeutsch – in jedem Fall, Schriftdeutsch, wenn er will. Mit dem Fremden spricht er zumeist ein Mittelding zwischen Schriftdeutsch und Mundart, das sogenannte „Sunndoagsedeitsch“ oder den Kurgastdialekt. Die Umgangssprache allerdings ist „Werkdoagesedeitsch“, eventuell Rhein-Main-Industrie-Slang. Zum Leidwesen der Lehrer schreiben viele Schüler „sou wie mer babbelt“, eine moderne Form von Luther-Deutsch, eben so, wie der „Schnawwel gewachse is“. Das Hochdeutsche verwechselt der Odenwälder gerne mit dem Schriftdeutschen: Das erste spricht er kaum, mit dem zweiten tut er sich schwer. Diejenigen, die perfekt „auswärts reden“, sind bei ihm „Foispazer“.

Der Odenwälder kann auch „bawarisch“ pfeifen, mit dem Pfeifsche, Peifsche, mit der Peif oder mit dem Peifl, je nachdem, ob er im Darmstadt-nahen Odenwald, im Hoch-Odenwald oder im pfälzisch-badischen Teil pfeift. Auch ohne Pfeife vermag der Odenwälder adäquate Töne zu erzeugen: Fragt ein Odenwälder seinen Landsmann: „Soage Se emol, peife Se mit Ihr’m Maul oder hewe Se e Peif?“ So antwortet dieser: „Ich peif als noch mit meim Maul“.

Einen eigenen Odenwälder Dialekt gibt es sprachwissenschaftlich nicht. Man spricht im nördlichen Odenwald hessisch-darmstädterisch, im Süden pfälzisch-badisch mit gelegentlich schwäbelndem Einschlag. Die Trennungslinie, sprich Sprachgrenze, geht diagonal durch den Odenwald.

Die Sprache der Odenwälder unterscheidet sich grundsätzlich im südlichen Odenwald von der des nördlichen Odenwaldes, aber auch von der, die in den westlichen und südlichen Randgebieten gesprochen wird. Deshalb ist „Oudewälder“ so richtig wie „Ourewälder“ und „Ourewäller“. Im Umkreis von nur fünf Kilometern tritt beispielsweise das Wörtchen „wieder“ in den Erscheinungsformen „wider“, „wirrer“ und „werrer“ auf; ganz im Süden heißt es gar „wiea“.

Die richtige Aussprache der Wörter Ofenrohr und Holzstoß sind Entscheidungskriterien für die richtige Beherrschung der Odenwälder Umgangssprache(n): Wer „Ouferohr“ oder „Ouwerouer“ und „Holzoige“ sagen kann, der ist eben ein waschechter Odenwälder.

„Wo man singt, da laß dich ruhig nieder“, wenn dabei noch Bier und Ebbelwoi fließen und eine kräftige Mahlzeit serviert wird, steigt das Wohlbefinden.

Nächste Doppelseite: Eine Landschaft für Genießer, fernab vom Lärm und Gestank der Großstadt, und doch von den Ballungszentren an Rhein, Main und Neckar leicht zu erreichen.

Vom Siesse, vom Rauscher un vom Risser

Wenn Ende April oder Anfang Mai die Apfelblüte beginnt und die Bäume anfangen, wie Bienenstöcke zu summen, sollte man die feinen Gerüche fürs ganze Jahr einsaugen und bis zum nächsten Jahr in der Erinnerung behalten.

Vor Jahren erzählte mir ein älterer Odenwälder Bauer: „Ich wees net, woas die Frankforder um ehrn Ebbelwoi sou e Geschiss mache, den hewwe se doch vun uns!“ Auf mein verblüfftes Gesicht hin erläuterte er mir folgendes: „Nooch emme alde Sprischwort fängd de Ourewoald uff de Sachseheiser Brick ou. Un iwwer die sin die oarme Frankforder Leit joahrhunnerdelong mit unserm Ebbelwoi beliwwert worre, de weil die Reiche dort Trauwewoi un Bier gedrunge hewwe.“ In der Tat wurde das Getränk der Bauern und armen Leute schon jahrhundertelang in den „Apfelwein-Landschaften“ Odenwald, Spessart, Taunus und Vogelsberg getrunken, während man sich in Städten wie Frankfurt, Mainz, Heidelberg – und übrigens auch in Darmstadt – dem Genuß des Weines hingab. Diesen baute man selbst an und bezog ihn zusätzlich aus den „Traubenwein-Landschaften“ wie Ried, Bergstraße, Wetterau, Rheinpfalz, Rhein- und Maintal. Erst im Laufe des 19. Jahrhunderts gewinnt der Apfelwein im bürgerlichen und wirtschaftlichen Leben Frankfurts die bedeutende Rolle, die er bis heute inne hat. Zwischen den beiden Weltkriegen wurden in manchen Jahren mehr als 1500 Waggons Mostäpfel nach Frankfurt geliefert und in etwa 5 großen und 50 kleineren Keltereien verarbeitet. So ist es nicht verwunderlich, daß die Frankfurter sich dieses Getränks quasi als ihrer Erfindung und ihres Eigentums bemächtigten und es dann gar als „Stöffche“ zu ihrem Nationalgetränk hochstilisierten.

Daß solche Ansätze auch in Darmstadt vorhanden waren, lehrt uns bereits 1841 Ernst Elias Niebergall in seinem „Datterich“. Während man in der Stadt seinen „vasteckte Dorscht mit emme Schoppe Rode oder em Budell Asmannsheiser“ löschte, trank man in den Orten der Umgebung und nicht nur in Traisa „Eppelwei“ (Schreibweise nach Niebergall), der, wenn auch als „Brih“ bezeichnet, für den Datterich „so e ahgenehm Essigseire“ hat. Lediglich im vornehmeren Lokal auf dem Dippelshof bei Traisa gab es auch einen Bergsträßer. Im übrigen: „Zum Datterich noch was zu sage, haaßt Ebbelwoi uff Traase trage!“ Die von Niebergall so markant bezeichnete Geschmacksrichtung wird heute noch im Modautal produziert und als „Murrer Essich“ ausgeschenkt.

Abschließend zum Streit um die Urheberrechte meinte unser eingangs zitierter Bauer: „Im iwwriche sin die Ourewäller schlauer un mache net so e Gedees, die redde net weirers un saufe do fer en Ebbelwoi mejnder.“ Damit dürfte hinlänglich bewiesen sein, daß die Frankfurter den Apfelwein in den sie umgebenden Landschaften kennenlernten, ihn okkupierten und ihn unrechtmäßig als „Stöffche“ zu ihrem Nationalgetränk erhoben. Doch das ficht uns Odenwälder nicht an, im Gegenteil! Wir laden alle Frankfurter, auch und gerade den „Bembel-Lenz“, zu unseren Kartoffelwochen, Lammwochen und in unsere Gasthäuser ein, damit sie unsere Nationalspeisen und andere Köstlichkeiten zusammen mit dem Originalgetränk in aller Ruhe genießen können.

Botanisch gesehen gehört der Apfel zur Familie der Rosengewächse, die wiederum zahlreiche Unterfamilien aufweist. Alle wichtigen Obstarten, sei es in Baum-, Strauch- oder Krautform, gehören dazu: Apfel, Birne, Pflaume, Mandel, Pfirsich, Erdbeere und Himbeere. Schon in der Jungsteinzeit (um 3000 bis 1800 v. Chr.) hat der Mensch den Apfel als nutzbare Frucht erkannt und kultiviert. Er hat eine Unzahl von Sorten ent-

Wie Bräute stehen die blühenden Bäume auf den saftig grünen Odenwaldwiesen. Schönes Wetter während der Blüte läßt auf eine reiche Obsternte hoffen.

Der Galgen von Beerfelden soll das besterhaltene Hinrichtungsinstrument seiner Art sein. Man nennt ihn – vielleicht ironischerweise – den „dreischläfrigen Galgen", womit wahrscheinlich angedeutet werden soll, daß hier gleichzeitig drei Menschen den Weg ins Jenseits antreten mußten.

wickelt. Selbst Fachleute sind darüber uneinig; ihre Angaben schwanken zwischen 5000 und 25 000 Sorten. Damit dürfte der Apfelbaum der am weitesten verbreitete Obstbaum auf der ganzen Erde sein.
In den Odenwald dürften der Apfelbaum und die anderen Obstsorten vor rund 1200 Jahren mit den ersten Bauern aus den umliegenden Altsiedellandschaften gekommen sein, sofern nicht wilde Apfelbäume (Holz- oder Waldäpfel) an den Hängen der Bergstraße und im Vorderen Odenwald ursprünglich beheimatet waren und als Wildlinge durch Okulieren oder Pfropfen veredelt wurden. Bei der von den Klöstern Lorsch, Fulda und Amorbach durchgeführten Besiedlung zumeist in Form von Waldhufendörfern gehörte von Anfang an der Baumgarten – odenwälderisch „Bangert" – zum festen, notwendigen Bestandteil einer Hufe. Er wurde um die Hofreite herum neben dem kleineren Hausgarten als Baumwiese angelegt und blieb als hofnahe Weidefläche und Auslauf für Feder- und Kleinvieh jahrhundertelang in Funktion. Noch heute existiert der Flurname Bangert fast in jedem Odenwälder Dorf.
Sortennamen werden erstmals nach dem Dreißigjährigen Krieg genannt. In Mitlechtern erhält 1730 ein Auszügler unter anderem einen Wiesenlappen hinter der Scheuer vom „Kohlapfelbaum" bis zum Graben und ein Stück vom Pflanzgarten vom „Haferapfelbaum" bis zum Zaun. In Reichelsheim wird 1739 die Obsternte folgendermaßen geteilt: Die Auszügler erhalten den 4. Teil von allem „Baumgetreide", was davon im Backofen gedörrt wird, wird ebenfalls geteilt. Bei fast allen Übergabeverträgen werden immer auch einige Fässer benannt, ohne daß wir jedoch über ihre Verwendung und ihren Inhalt etwas erfahren. Wir können nur annehmen, daß sie zumeist Apfelwein enthielten, wie das aus einem Inventar 1725 vom Hof Alten-Gesäß bei Klein-Gumpen zu entnehmen ist: 1 Ohm (160 Liter) Apfelwein in einem neuen Faß.
Im Jahre 1831 wird in Hessen der Landwirtschaftliche Verein gegründet, der die Landwirtschaft auf allen Sektoren, auch auf dem Gebiet des Obstbaues, tatkräftig förderte. Zahlreiche neue, ertragreichere Sorten werden eingeführt, an Wege- und Straßenrändern gepflanzt und Baumstücke

Äpfel in Hülle und Fülle, so liebt es der Odenwälder, der auch ein Ebbelwoi-Liebhaber ist. Die bäuerlichen Betriebe und Obstbaumbesitzer bringen ihr Kelterobst in die kleinen und großen Keltereien vor Ort.

(Äcker mit Baumbestand) planmäßig angelegt, die heute so akademisch steif und falsch als „Streuobstanlagen“ bezeichnet werden. Damit gewinnt der Obstbau zunehmend, auch im Hinblick auf die beiden Weltkriege, eine wirtschaftliche und ernährungspolitische Bedeutung. In der Nachkriegszeit änderten sich durch den ungeheueren Wohlstand die Verhältnisse schnell. Aus vielen Gründen sank der einheimische Obstbau als Nebenerwerbszweig der Landwirtschaft gegenüber der vielfältigeren, intensiv betriebenen ausländischen Obstproduktion zur Bedeutungslosigkeit herab. Verwahrlost, windschief und mit zum Teil heruntergebrochenen Kronen stehen heute viele Obstbäume ungenutzt und unbeachtet da. Als ab dem Jahre 750 der Odenwald allmählich besiedelt wurde, war der Apfelwein bereits bekannt. Karl der Große ordnete um das Jahr 800 in seinem „capitulare de villis“ (Hofgüterverordnung) an, daß es Leute geben soll, die berauschende Getränke, sei es Bier, Birnen-, Apfelwein und sonst zum Trinken geeignete Flüssigkeit bereiten können. Leider werden in den Archivalien der folgenden Jahrhunderte außer Bier diese alltäglichen Getränke kaum belegt. Eine Darstellung von 1857 gibt Auskunft über die verwendeten Äpfel. Sie sollen reif, fest und nicht zu sauer sein, wie Kohlapfel „Schafsnase“, Matapfel, Streifling (Streimerling) und Borsdorfer. Am besten werden späte, feste Sorten untereinander gemengt. Von der Kelter kommt der Most sogleich ins Faß, das nur so hoch aufgefüllt wird, daß unter dem Spundloch noch vier Zoll frei sind. Damit können bei der Gärung leichte Treberteile ausgeworfen werden. Auf das Spundloch legt man am besten einen sauberen Schieferstein, wodurch der Most genügend Luft zur Gärung erhält und sich reinigen kann. Man kann auch ein größeres Glas auf das Spundloch stülpen, so daß man jederzeit, ohne zu lüften, sehen kann, was vorgeht. Von Zeit zu Zeit wird die ausgeworfene Masse entfernt und das Spundloch gereinigt. Das Faß wird alle 10 bis 14 Tage aufgefüllt, damit der Most hoch genug steht und sich kein Schimmel im Faß bildet. Etwa an Neujahr wird der vergorene Most durch Schläuche auf andere Fässer abgestochen. Nun kann der Apfelwein krugweise aus dem Faß geholt

Links: Beim Mörlenbacher Krämermarkt wird Apfelsaft noch auf altertümliche Art gekeltert, wenn auch nur für Demonstrationszwecke. Aber sicher sind noch viele dieser alten Pressen jedes Jahr im Einsatz, wenn aus reifen Äpfeln der Saft gewonnen wird, der für die Odenwälder eben wirklich ein ganz besonderer ist.

Oben: Die jahrhundertealte Tränkfeldeiche bei Erbach/Elsbach.

Beim Eulbacher Markt, dem größten Volksfest im Odenwald, wird alljährlich in der letzten Juliwoche die Vergangenheit wieder lebendig. Graf Franz I. legte 1802 den Grundstein für dieses Volksfest, das auch der „Erbacher Wiesenmarkt" genannt wird.

und getrunken werden. So richtig ausgereift ist er jedoch erst im Laufe des Frühjahrs, seine Qualität behält er dann bis gegen Ende des Jahres.

Bei den Bauern wurde der Apfelwein früher als Haustrunk konsumiert, jedoch in anderer Weise als heute in den Gaststätten. Zunächst war es für alt und jung ein besonderes Vergnügen, von der Kelter weg ausgiebig den „Sießen" zu probieren. Nach wenigen Tagen, wenn der Most in Gärung übergegangen war, sprach man vom „Rauscher", der für Kinder schon gefährlicher war, oder seiner durchschlagenden Wirkung wegen vom „Risser". Nach Beendigung der Hauptgärung war es im Gegensatz zum „Alten" der „Neue" oder der „neue Helle". Oft wurde auch Most durch nochmaliges Auspressen des Tresters gewonnen und mit reichlich Wasserzusatz vergoren. Dieser wurde im Spätherbst und Winter den Dreschern bei ihrer staubigen Arbeit ausgeschenkt. Im Winter trank man abends einen „Aogewärmte" oder einen „Haase", manchmal mit Honig, später mit Zucker gesüßt und mit Zimt gewürzt, besonders bei Erkältungen. Bei der sommerlichen Heu- und Getreideernte wurde Apfelwein, mit kühlem Quellwasser verdünnt, auf Feld und Wiese getrunken.

Daß es im Odenwald mit Apfelwein allein nicht getan ist, sondern daß noch etwas Herzhaftes dazu gehört, mußte auch ein armer Mann erfahren. Sein „Mißgeschick" erzählt man sich in vielen Dörfern, so auch im Finkenbachtal. Sein Tagelöhnerhäuschen ist baufällig, die Gefache fallen aus, die Biberschwänze rutschen vom Dach. Fleißig trägt er heimlich, still und leise Reisig und sein letztes Stroh auf den Speicher. Einige Tage später geschieht es, daß der Rote Hahn sich seiner Sorge erbarmt. Doch kaum schlagen die Flammen zur Giebelluke hinaus, ist bereits die Feuerwehr zur Stelle. „Ehr Menner, wann's wegbrennt, schdift ich moi grejscht Faß Ebbelwoi!" Doch der Kommandant zögert. In seiner Not ruft der Mann ergänzend: „Un en Schinge!" Da holt die Wehr schnellstens den Schinken aus dem Rauch und das Faß aus dem Keller, besorgt sich Brot und läßt sich im nahen Bangert unter den schattigen Apfelbäumen nieder. Und als das Faß geleert, der Schinken verzehrt, ist das Häuschen bis auf den Kellerstock niedergebrannt.

Die Odenwälder Kunsttöpferei Müller & Dönig in Erbach befindet sich seit 400 Jahren in Familienbesitz. Töpfermeister Hermann Dönig und sein Sohn Bernd setzen diese Handwerkstradition fort. Die rustikalen Krüge, Schalen und Teller tragen die als Odenwälder Muster bekannten floralen Motive.

Von Sieglinde und anderen Knollen

Was wie ein Bauernidyll aus längst vergangenen Tagen aussieht, war in Wirklichkeit knochenharte Arbeit. Allerdings haben diese Odenwälder nur zu Demonstrationszwecken zur Hacke gegriffen, um die braunen Knollen aus der Erde zu befreien, denn in der Regel werden im Odenwald die Kartoffeln heute maschinell aus dem Boden geholt. Doch die vollen Säcke lassen darauf schließen, daß auch hier ordentlich zugepackt werden mußte.

Wenn im Herbst aus frisch geernteten Kartoffeln allerlei leckere Speisen zubereitet werden, sind sich nur wenige darüber bewußt, daß dieses Knollengewächs einen stetigen Weg von der Speise der armen Leute im 19. Jahrhundert zur kulinarischen Besonderheit der Gegenwart hinter sich hat.
Daß schließlich die Kartoffel im Odenwald eine lange Tradition hat, geht in der jüngeren Zeit insbesondere darauf zurück, daß die Kartoffelzüchterfamilie Böhm, heute auf dem „Kohlbacher Hof" bei Brensbach/Wersau, sich nach der Jahrhundertwende dem Gebiet der Sortenauswahl und Kreuzungen ertragreicher Kartoffelarten zuwandte. Heute sind „Böhms Ackersegen", „Böhms Allerfrühste Gelbe", „Sieglinde", „Quarta" und andere Sorten in der ganzen Bundesrepublik gut bekannt.
Die gelegentlich wiederholte Behauptung, daß die Kartoffel bereits am Ende des Dreißigjährigen Krieges im Jahre 1648 in Groß-Bieberau eingeführt worden sei, stimmt nicht. Gesichert ist jedoch ihre Überlieferung im Odenwaldbuch (1754) des Erbacher Arztes Gottfried Ludwig Klein. Dort heißt es: „Die ersten Kartoffeln wurden bei uns vor einem halben Jahrhundert angebaut und sie waren so selten, daß man dort, wo heute Tausende von Scheffeln geerntet werden, damals nur eine Scheffel bekam".
Hieraus kann man die Schlußfolgerung ziehen, daß die Kartoffel um 1700 im Odenwald in geringen Mengen gepflanzt wurde, während sie zum Zeitpunkt der Buchveröffentlichung im Jahre 1754 bereits in einer bedeutenden Größenordnung als Ackerfrucht angepflanzt wurde. Dies läßt sich auch aus anderen Quellen bestätigen. So gehört im Jahre 1742 die Kartoffel in Wörth am Main zu den Naturalien, die an die französische Besatzung abzuliefern waren. In Hainstadt zählt sie 1743 zu den Fronfuhren für die Burg Breuberg und 1750 heißt eine Flur in Rai-Breitenbach bereits „Kartoffelschlag". Auch in Unter-Schönmattenwag läßt sich die Kartoffel schon 1747 nachweisen, da sie zum kleinen Zehnten gezählt wurde. Die läßt sicherlich auf eine längere Anbauzeit schließen, nachdem die Kartoffel aus den angrenzenden Ämtern des Mainzer Oberstiftes eingeführt wurde, wo die neue Frucht witzigerweise dann als „Grundbirne" bezeichnet wurde.
Alle Forschungsergebnisse deu-

ten darauf hin, daß die Kartoffel als Feldfrucht im ertragsarmen Odenwald eher den Durchbruch geschafft hat als an der Bergstraße oder im Ried.
Der englische Seefahrer Thomas Cavendish berichtet 1587, daß die Kartoffel das Hauptnahrungsmittel auf den spanischen Schiffen geworden sei. Dieser Eintrag läßt daran zweifeln, ob es tatsächlich dem englischen Admiral Francis Drake (1540–1596) als „Wohltäter der Menschheit“ zu verdanken ist, die Kartoffel in Europa eingeführt zu haben.
Als Kuriosum verkündet eine Tafel aus dem 19. Jahrhundert im Langbein-Museum in Hirschhorn: „Anno 1586 wurde durch Franz Drake und von Gott gegeben die Kartoffel für reich und arm Herz und Seel' dankt für dich vom Fürsten bis zum Bettler!!“
Auch im badischen Offenburg war 1885 Francis Drake ein Denkmal errichtet worden, das von den Nationalsozialisten allerdings wieder entfernt wurde.
Als Pizarro in Südamerika ab 1526 von der Küste des Stillen Ozeans aus nicht nur mit friedlichen Absichten in die Täler der Anden vordrang, fand er die Kartoffel als Hauptnahrungsmittel der dortigen Indios vor.

Kartoffelernte wie anno dazumal, mit handgeflochtenen Körben, langen Röcken, Kopftüchern, Hüten – und Hacken anstatt Erntemaschinen.

In der alten Bauernküche im Lindenfelser Museum kann man sich sehr gut vorstellen, wie früher auf dem blankgescheuerten Holz des Tisches in den alten Geschirren einfache Speisen wie dampfende Quellkartoffeln mit Sauermilch serviert wurden.

Der Spanier Castellano berichtet 1537, daß auf dem Hochland von Bogota im heutigen Columbien „mehlige Wurzeln von gutem Geschmack für die Indianer ein angenehmes Gut und ein köstliches Gericht sogar für die Spanier“ gefunden werden. Die Verankerung der Kartoffel in der indianischen Mythologie Südamerikas läßt zudem auf eine sehr lang zurückreichende Tradition schließen.
Nach ihrem Einzug in Europa wird die Kartoffel 1573 in Rechnungen des Hospitals von Sevilla als „Heilpflanze“ erwähnt. Und nach einem überlieferten Bericht hat Philipp II. von Spanien 1565 dem erkrankten Papst in Rom Kartoffeln sogar als Heilmittel übersandt.
Schließlich findet sie sich 1586 in Frankfurt und 1597 in Heidelberg als fremdländische Kuriosität in den botanischen Gärten. Auch im Lustgarten des Landgrafen Wilhelm IV. von Hessen-Kassel (1567–1592) wurde die Kartoffel schon recht früh – und nicht nur als Zierpflanze – angebaut. Sein Bruder, Landgraf Georg I. von Hessen-Darmstadt (1567–1596), erbittet im Jahre 1591 von ihm „eine wunderliche Art Nüsse, welche Erdnüsse genannt werden“. Wilhelm schreibt in seiner Antwort dazu: „Wir überschicken auch Euer Liebden unter andern ein Gewächse, so wir vor Jahren (!) aus Italia bekommen und Taratouphli genannt wird. Das selbige wächst in der Erden und hat schöne Blumen gut Geruchs und unten an der Wurzel hat es viele Tubera (Knöllchen) hängen. Dieselben, wenn sie gekocht werden, sind gar anmutig zu essen. Man muß sie aber erstlich in Wasser aufsieden lassen, so gehen die obersten Schalen ab. Danach tut man die Brühe davon und seudt sie in Butter vollends gar.“
So kam im Jahre 1591 die Kartoffelpflanze nach Darmstadt. Von nun an nimmt auch in Hessen die Kartoffel ihren Weg vom Kuriosum in den Ziergärten und als Delikatesse an Fürstentafeln zum Volksnahrungsmittel der einfachen Leute, wie dies auch in England und in Irland seit 1606 der Fall war. Dort schrieb man Sir Walter Raleigh (1552–1618) die Kartoffeleinfuhr aus dem nordamerikanischen Virginia zu.
Der Kartoffelanbau änderte die Wirtschaftsweise fast aller bäuerlichen Betriebe. Auf den ehemaligen Brachflächen der Dreifelderwirtschaft wurden jetzt zusätz-

liche Ernten erzielt. Als sogenannte „Hackfrucht“ erforderte sie mehr Pflegearbeiten als andere Feldfrüchte und machte viele landwirtschaftliche Arbeitskräfte erforderlich. So kamen mehr Tagelöhner zu Arbeit und Brot als früher. Die stark wachsende Bevölkerung zu Beginn des 19. Jahrhunderts machte schließlich den Kartoffelanbau unentbehrlich. Das Loslösen der Bauern von den Feudalverpflichtungen und die Aufteilung der Allmenden (Allgemeinbesitz) unter die Beisassen, die sich als minderberechtigte Einwohner neben den Hubenbauern in den Odenwalddörfern angesiedelt hatten, begünstigte zusammen mit dem Kartoffelanbau die Bindung an die Scholle. In den Jahren 1816 und 1829 wurden durch starke Niederschläge in den Herbstmonaten die Kartoffelernten fast völlig vernichtet. In der Odenwälder Bauernchronik der Familie Scheffer in Vielbrunn heißt es, „1829 ist ein nasser Herbst gewesen, daß viele Kartoffeln draußen geblieben und erfroren sind.“ Das Gräflich-Erbachische-Wochenblatt vom 19. Dezember 1829 bringt einen ausführlichen amtlichen Artikel über die Verwendung erfrorener und weicher Kartoffeln. Die ungünstigen Witterungsverhältnisse im Herbst hatten die

Der Odenwald ist die Geburtsstätte solcher Berühmtheiten wie Sieglinde, Rosella, Agria oder Quarta. In der Kartoffelzüchterei Böhm in Brensbach/Wersau bemüht man sich seit 1900 um hervorragende Kartoffelqualität und unterschiedliche Geschmacksvarianten. Im Lößboden des Vorderen Odenwaldes gedeihen die knolligen Spezialitäten besonders gut.

Uraltes Handwerk ist auch heute noch gefragt. Der Köhler Adam Knopf aus Ober-Schönmattenwag vor seinem Kohlemeiler, den er sieben bis zehn Tage und Nächte bewachen muß, bis die Holzkohle „geerntet“ werden kann.

Regierung veranlaßt, auf die besonderen Lagerungsanforderungen der Kartoffeln hinzuweisen. Zudem wurden Ratschläge gegeben, wie aus Kartoffeln Mehl hergestellt werden konnte. Damit sollte dem Ernährungsnotstand und dem Futtermangel wirkungsvoll entgegengetreten werden. Bereits 1740 berichtet die kurpfälzische Regierung von einer Kartoffelkrankheit, nähere Hinweise fehlen bis jetzt. Besonders schlimm waren die Jahre 1845 bis 1847, in denen sich die Kartoffelfäule weit verbreitete. Zusammen mit den politischen Verhältnissen der Zeit vor 1848 führte die Ernährungsnot in der Bevölkerung zu schweren Unruhen. Georg Büchner schrieb bereits 1834, „daß viele tausend Familien nicht imstande sind, ihre Kartoffeln zu schmelzen.“ Und ein Zeitgenosse berichtet 1844: „... die mißratenen Ernten der Kartoffeln, namentlich in den letzten beiden Jahren haben sie auf die billigeren wilden oder Viehkartoffeln und auf das Schwarz- oder Viehmehl zur Nahrung angewiesen.“
Als sich während des zweiten Weltkrieges der Kartoffelkäfer in Deutschland ausbreitete, benutzten dies die Nationalsozialisten für einen Propagandafeldzug. Sie behaupteten, englische Flugzeuge

hätten Larven des „Colorado-Käfers“ abgeworfen. Die Greuelnachricht wurde auch noch weithin geglaubt. Tatsächlich aber tauchte der Kartoffelkäfer trotz zahlreicher Vorkehrungen und Einfuhrverbote erstmals 1877 in Mühlheim am Rhein auf.
Nachdem die Ausbreitung des Schädlings in den vierziger Jahren seinen Höhepunkt erreichte, mußte vielerorts auf Anordnung der Behörden die gesamte Bevölkerung Abend für Abend von Hand Käfer und Larven von den Stauden lesen.
Neben dem Anbau und der Zucht der Kartoffel wurden auch besondere Erntetechniken entwickelt. So bauten die Schmieden Eckert in Hainstadt und Walther in Pfaffen-Beerfurth amerikanische Wendepflüge. Die englischen Konstrukteure Hanson und Coelman entwickelten 1852 einen Schleuderroder, der in Hersfeld von dem Fabrikanten Gottlieb nachgebaut wurde. Da diese Maschine jedoch für einen sehr schnellen Antrieb möglichst vier Pferde benötigte, setzte sie sich nicht durch. Erst als Harder in Lübeck um 1896 einen leichten Schleuderroder entwickelte, welcher anfangs mit Drei-Stangen geführte Schleudergabeln hatte, stieg der Maschineneinsatz auch in kleineren Betrieben an.
Heute ist diese Technik in der modernen, auf hohe Erträge ausgerichteten Landwirtschaft bereits veraltet. Vorbei ist die herbstliche Romantik, als Schulkinder gegen Abend die Kartoffelfeuer entzündeten und frische Knollen darin brieten. Fast vergessen ist auch das dumpfe Gepolter eisenbereifter Kartoffelwagen in den Dorfstraßen, wenn sie mit Säcken hochbeladen nach Hause rollten, um bald darauf ihre kostbare Ladung über eine Holzrutsche in den kühlen Keller mit festgetretenem Lehmboden rutschen zu lassen. Ein voller Kartoffelkeller ließ die Rückenschmerzen vom vielen Bücken leicht vergessen, denn die Gewißheit, im Winter keinen Hunger leiden zu müssen, war ein gutes Gefühl.

Der Korbmacher muß mit den Eigenheiten von Weidenruten vertraut sein. Seine Kunstfertigkeit ist auch im 20. Jahrhundert noch ein Augenschmaus, und die formschönen, sauber verarbeiteten Körbe halten ein Leben lang.

Die Bergstrasse

Goldener Oktober an der Bergstraße unterhalb der Starkenburg von Heppenheim. Weil Wein bekanntlich fröhlich, mitunter sogar selig macht, feiert man an der Bergstraße seit eh und je gesellige Wein- und Winzerfeste. So etwa das Bergsträßer Winzerfest in Bensheim alljährlich in der ersten Septemberwoche, den Bergsträßer Weinmarkt in Heppenheim an neun Tagen Ende Juni bis Anfang Juli, das Odenwälder Winzerfest in Groß-Umstadt am Wochenende nach dem 15. September jeden Jahres.
Fröhlichkeit beim Wein findet man außerdem das ganze Jahr über in den vielen gemütlichen Weinlokalen und Straußwirtschaften entlang der Bergstraße.

Die Bergstraße, der Landstrich zwischen Heidelberg und Darmstadt, entlang den Odenwaldhöhen, wird nicht umsonst „der Garten Deutschlands“ genannt. Die Römer benutzten diese *strata montana* (die Bergstraße) bereits um 100 n.Chr. als Heerstraße auf ihren Zügen nach Norden. Heute kann man sich kaum vorstellen, daß schwerbeladene Karren des römischen Heeres über diese damals holprige Straße in Richtung Norden bewegt wurden, um das Baumaterial für ihren Limes herbei zu schaffen, jene Bollwerklinie, die zum Schutz gegen die Germanen auch mitten durch den Odenwald verlief.

Die Römer waren es auch, die entlang der Bergstraße Weinreben und tropische Gewächse anpflanzten. Zu den Frühblühern, die im zeitigen Frühjahr bereits die Bergstraße in ein Blütenmeer versetzen, zählen Mandel-, Pfirsich- und Aprikosenbäume neben Forsytien und Kirsch- und Pflaumenbäumen.

Neben der Fülle an Obst und Gemüse ist der Wein das Aushängeschild dieser Landschaft. Der Ertrag der etwa tausend Hektar großen Weinanbaufläche an den Westhängen des Odenwaldes ist zwar bescheiden, er reicht aber aus, um den Bedarf der Weinliebhaber im Umkreis der Bergstraße und darüber hinaus zu decken. Bei der Sortenwahl bevorzugen die Bergsträßer Winzer die altbekannten Rebsorten Riesling, Müller-Thurgau, Silvaner und Ruländer. Auf kleinen Flächen werden auch Gewürztraminer, Scheurebe, Ehrenfelser, Kerner und einige andere Sorten angebaut. Die Bergsträßer Weine sind bekanntlich von einer frischen und herzhaften Art. Es mögen weit über tausend Familien sein, zum größten Teil sogenannte Feierabend- oder auch Hobbywinzer, die mit großem Idealismus und mit Freude die mitunter steilen Hänge mit noch viel Handarbeit geradezu mustergültig bearbeiten. Die Weinbaubetriebe und Weingüter bewirtschaften etwa ein Drittel der gesamten Rebfläche. Mehr als siebenhundert Winzer sind in der Bergsträßer Gebietswinzergenossenschaft in Heppenheim und in der Odenwälder Winzergenossenschaft Groß-Umstadt zusammengeschlossen. Das Staatsweingut Bergstraße, das Städtische Weingut in Bensheim und eine Reihe von privaten Weingütern pflegen ebenfalls die jahrhundertalte Tradition des Weinbaues.

Heidelberg und der Kleine Odenwald

Wer in Heidelberg die Alte Brück' überquert, hat unter sich die Neckarfluten, über sich die sagenhafte Kulisse des Schlosses und vor sich das barocke Brückentor, hinter dem sich die Altstadt mit der Heiliggeistkirche verbirgt. Einfach beneidenswert!

Dort wo der Odenwald gegen den Neckar abrandet und von diesem empfangen wird, ereignet sich eine romantische Zeremonie: Die Neckarschleife umsäumt die Berge girlandenhaft und dekoriert sie mit schmuckvollem silbernem, grünumsäumten Band. Bevor der Neckar Heidelberg erreicht und dann kraftvoll in die Ebene austritt, kündigt er sich in sanfter Windung an, wie im Auftakt zu einem großen Ereignis. Diese Ouvertüre beginnt beim Kloster Neuburg und setzt sich zwischen Königstuhl und Heiligenberg fort. Sich zur Molkenkur hinwindend, ist der Höhepunkt erreicht: Wie ein Diadem schmiegt sich an diese Bordüre landschaftlichen Abschlusses und Übergangs zugleich „die triumphale Verkörperung aller baulichen Sehnsüchte dieser Landschaft: das Schloß von Heidelberg“, stellt Kasimir Edschmid poesievoll fest.
Das alles hat „klassisches Maß, und das empfinden wir als klassische Schönheit“ meint Edwin Kuntz (1960). Die beiden Bergrücken, der 437 Meter hohe Heiligenberg auf der rechten Neckarseite und der mit seinen 567 Metern Höhe zu den bedeutendsten Odenwalderhebungen gehörende Königstuhl auf der linken Seite des Neckars geben Heidelberg die einmalige Landschaftskulisse. In der Tat: Wie selten sind Natur und Kultur so zu einer Einheit verschmolzen wie in Heidelberg. Das i-Tüpfelchen bildet die gewaltige Schloßruine. Schubart entfuhr es: „Man muß schon tot sein, wenn man in Heidelberg nicht auflebt.“ Goethe stellt etwas nüchterner fest: „Die Stadt in ihrer Lage und mit ihrer ganzen Umgebung hat, man darf sagen, etwas ideales.“
In Heidelberg erreicht die Bergstraße, die in Darmstadt, dem „Tor zum Odenwald“ ihren Ausgang nimmt, ihren Höhepunkt, schwärmt der eine, der andere meint, daß Heidelberg den großartigen Abschluß der Bergstraße darstellte, wo der Himmel so blau scheint, wie in der Toskana. Hölderlin schwärmt: „Heidelberg ist und bleibt der Vaterlandsstädte schönste.“ Friedrich Hebbel beschreibt 1836 den Anblick der Schloßruine als einen „der gewiß auf dieser Welt nicht zum zweiten Mal wiederkehrt“.
Unvergleichbar ist die Poesie, wenn der Dreiklang vollständig wird, zu Neckar, Berge und Schloß noch die „Alte Brücke“

tritt. Sie ist neben dem Heidelberger Schloß Wahrzeichen der Stadt. Goethe ist begeistert: „Die Brücke zeigt sich hier in einer Schönheit, wie vielleicht keine Brücke der Welt.“ Jeder Beschauer, nicht nur Maler und Dichter, wird sich das Bild dieser so schwungvoll in die Landschaft hineinkomponierten Brücke so tief einprägen, daß er es nie wieder vergessen wird.

Vom Karlstor und Kornmarkt zur Innenstadt, zur Heiliggeistkirche und zum Marktplatz: Romantik mit internationalem Flair. Mannigfaltiges Stimmengewirr, Sprachen aller Nationen, Menschen aller Herren Länder. Und das schon seit vielen Jahrzehnten; dazu ist Heidelberg auch noch Großstadt. Trotz alledem: „Die Einsamkeit und den Frieden der herrlichen Wälder hat nichts zu stören versucht. Heidelberg ist der Philosophenweg geblieben, es ist ihm das Schloß geblieben; und der Gang über die alte Brücke, der zum Herzbeklemmensten gehört, was die Welt zu bieten hat, wird auch morgen wieder unsere Hast korrigieren“, so Edwin Kuntz im Jahre 1960.

Bei aller Landschaft und Kultur: den Ruf Heidelbergs haben Gelehrte und Dichter, Künstler und Komponisten, Politiker und Publizisten begründet.

Eingebettet in die waldreichen Hänge von Odenwald und Kleinem Odenwald, gekrönt von Königsstuhl und Schloßruine und zu seinen Füßen der Neckar: Heidelberg.

Josef Victor von Scheffel, der nicht nur an Heidelberg sein Herz verloren hat, sondern auch an den Odenwald, wie seine Rodensteinlieder bezeugen, hat es am schönsten ausgedrückt:
„Alt Heidelberg, du Feine,
Du Stadt an Ehren reich,
Am Neckar und am Rheine,
Kein' andre kommt dir gleich."
Viele hessische Odenwälder studieren im badischen Heidelberg, sozusagen vor der Haustüre, Wissenschaft und Lehre strahlt von dort aus in den Odenwald zurück. Und die vielen Heidelberger Studenten aus aller Welt, sie lernen den Odenwald kennen und lieben, und so mancher bleibt hier und wird ein echter Odenwälder.

Heidelberg liegt am Übergang vom Großen zum Kleinen Odenwald. Der Neckar trennt beide Gebirgsteile voneinander, was aus geologischer Sicht dieser Grenzziehung nicht gerecht wird. Erst weiter südlich geht der Odenwald im Kraichgau in das Muschelkalkgebiet über. Auch morphologisch ist die Grenzziehung im Norden durch den Neckar nicht korrekt. Da es nun aber einen Großen und einen Kleinen Odenwald geben muß, bleiben wir bei dieser Einteilung.

Im Süden kann der Kleine Odenwald in etwa durch die Linie Obrigheim/Neckar-Aglasterhausen-Spechbach-Mauer-Nußloch festgelegt werden. Daß es hier noch hügelig zugeht, beweist die Straße von Obrigheim nach Neckargemünd, die im Volksmund so treffend der „Buckel" genannt wird. Wie beim großen und höheren Bruder gibt es auch hier viel Berg und Tal, Wald, Stille, Einsamkeit. Viel ländliche Idylle herrscht hier vor, das Klima ist wesentlich milder als im Hinteren Odenwald, im Gegensatz zu diesem ein reines Schonklima. Entsprechend dieser Eigenschaft hat der Fremdenverkehr eine große Bedeutung bekommen.

Der Kleine Odenwald ist aus anthropologisch-paläonthologischer Sicht in die Geschichte der Menschheit eingegangen. Im Jahre 1907 wurde in einer Kiesgrube bei Mauer nahe Heidelberg der Unterkiefer des bislang ältesten Europäers gefunden, des Menschen von Mauer oder des Heidelberger Menschen, *Homo sapiens Heidelbergensis*. Er wird auf 500 000 Jahre geschätzt. Ein Heidelberger Professor hat den Fund weltbekannt gemacht. Der älteste Europäer ist also ein echter Odenwälder.

Unweit von Touristenrummel, Studentenkneipen und internationalem Publikum findet jeder Ruhe und Beschaulichkeit auf den Höhen und in den Tälern des Odenwaldes.

Das liebliche Neckartal

Der Pulverturm in Eberbach erinnert an die große und stolze Vergangenheit der Stadt. Ein wichtiges Kapitel der Neckar-Schiffahrt wurde hier geschrieben: Schon 1351 gründeten die Schiffer hier ihren Verein.

Burgenreich sind nicht nur Bergstraße und Maintal, auch das liebliche Neckartal ist reich mit Burgen gesegnet, die Burgenstadt Neckarsteinach hat gleich deren vier anzubieten.

Es grüßen nicht nur die beschaulichen Burgen in Hanglage oder von Spornen herab ins Tal, auch die Wasserstraße selbst mit ihren anmutigen Seitentälchen ist eine Besichtigung wert. Steinbach, Steinach, Ulfenbach, Finkenbach und Itter streben dem Neckar linksseitig zu. Die entsprechenden Täler wurden fast durchweg an ihrem Austritt aus dem Gebirge und bei deren Vereinigung mit dem Neckartal militärisch gesichert, die dortigen Sporne strategisch mit Burgen besetzt.

Wir wollen jedoch weniger strategisch-militärisch beginnen und zunächst dem friedlichen Stift Neuburg einen Besuch abstatten. Es wurde 1130 von den Benediktinern als Tochterkloster von Lorsch gegründet. Es ist das einzige in dieser Reihe, das noch heute mit Mönchen dieses Ordens besetzt ist. Diese sind spezialisiert auf Obst- und Efeuzucht. Carl Maria von Weber, Friedrich Schlegel, Clemens von Brentano und Ludwig Tieck weilten hier gern. Von der Klosterterrasse hat der Besucher einen herrlichen Blick auf das lieblich-milde Neckartal.

Ziegelhausen liegt an der Mündung des Steinbachs in den Neckar. Es ist eine Gründung des Klosters Schönau im Steinachtal. Das nahe Peterstal geht wie Seidenbuch bei Lindenfels in die Gründungszeit der Glashütten zurück.

Neckargemünd war in der Römerzeit ein Kastell. Der reichsunmittelbare Charakter der Stadt wurde von den Pfalzgrafen aufgelöst. Sehenswert sind die Römerschanze am Hollmuth, die Burgruine Reichenstein, der hübsche Marktplatz und das 1783 zu Ehren Carl Theodors erbaute Stadttor.

Der 330 Meter hohe Dilsberg wird an drei Seiten vom Neckar umflossen. Der Besucher dieses Burgstädtchens fühlt sich unwillkürlich in das Mittelalter zurückversetzt. Der fast kegelartige Berg war schon zur Römerzeit befestigt. Gerne wird das ehemals pfalzgräfliche Städtchen auch „Rothenburg auf dem Berge" genannt. Während der vielen Kriege wurden Burg und Burgstädtchen mehrfach erfolglos belagert. Trotz erfolgreicher Verteidigung ist Burg Dilsberg heute

eine Ruine, aber eine der schönsten und lohnenswertesten im ganzen Neckartal. Gegenüber dem Dilsberg liegt Neckarsteinach, zweifelsohne an einem der schönsten Punkte im Neckartal. Burg „Schwalbennest", Schadeck genannt, Hinterburg, Mittelburg und Vorderburg wurden von den Landschaden von Steinach erbaut. Dieses Rittergeschlecht, das mit Bligger II. einen bedeutenden Minnesänger hervorbrachte, ist ausgestorben. Auch die mittelalterliche Stadt mit eindrucksvollen Resten der Stadtmauer, Kirche, Grabdenkmälern und Rindenscheuer lohnt immer einen Besuch.

Schon sind wir im Neckarwinkel angekommen, in dem sich Burg Hirschhorn erhebt. Nachdem wir uns bis jetzt flußaufwärts mal im Badischen, mal im Hessischen aufgehalten haben, betreten wir nunmehr wieder hessischen Boden. Nach Hirschhorn wird sich das wieder ändern, denn Eberbach und die folgenden Siedlungen gehören zum badischen Odenwald.

In Hirschhorn münden Ulfenbach und Finkenbach in den Neckar. Die um 1200 erbaute Burg mit Schloßgebäude wurde zu einem noblen Staatshotel umgebaut. Der erste Bundespräsident, Dr. Theodor Heuss, bezeichnete Hirsch-

Neckarsteinach ist gleich mit vier Burgen gesegnet. Vorderburg (hier im Bild) und Mittelburg sind noch bewohnt und in Privatbesitz. Hinterburg und Schadeck, auch Schwalbennest genannt, trohnen als imposante Ruinen über der Neckarschleife.

Hirschhorn hat, dank der erhaltenen Mauern und Stadtbefestigungen, bis heute sein mittelalterliches Aussehen bewahren können. Hoch über der Stadt liegt die um 1200 erbaute Burg, die heute zum Schloßhotel umfunktioniert ist. Auf der vom Neckar gebildeten Halbinsel befindet sich einer der ältesten Sakralbauten des Neckartales, die um 773 erbaute Ersheimer Kapelle.

horn als „das Glück im Neckarwinkel“ und Victor von Scheffel ritt von Heidelberg aus oft hierher, um „des Lebens trockenen Unverstand durch feuchte Fröhlichkeit zu verscheuchen“. Das Hirschhorner Schloß hat den Dichter Adolf Schmitthenner zu seinem Roman „Das deutsche Herz“ inspiriert. Sehenswert sind Karmeliterkirche und der Friedhof in Ersheim mit Totenleuchte und Kapelle. Die Herren von Hirschhorn sind im 17. Jahrhundert ausgestorben.

Eberbach am Zusammenfluß von Gammelsbach und Neckar, war ehemals freie Reichsstadt. Sie gehörte zum Territorium der Pfalzgrafen. Viele alte Fachwerkhäuser und Reste der Stadtmauer sind erhalten. Natürlich hat Eberbach auch eine Burg, eigentlich deren drei, alle auf demselben Sporn und charakteristisch für mehrere Bauepochen. Eberbach ist Luftkurort mit Heilquellen-Kurbetrieb.

Weiter den Neckar aufwärts kommt man nach Zwingenberg. Das ehemalige Stauferschloß gehört heute den Markgrafen von Baden. Hier mündet die wildromantische Wolfsschlucht, die Carl Maria von Weber zu dessen Freischützszene anregte. Die Schlucht endet auf der Höhe des „Winterhauchs“ im Hohen Odenwald. Hier wurde 1866 der letzte Wolf im Odenwald geschossen. Gerne kommt nach Schloß Zwingenberg der Prinzgemahl der englischen Königin, Prinz Philipp von Edinbourgh, um hier mit dem Markgrafen, dem Fürsten zu Leiningen und dem Grafen zu Erbach auf die Jagd im Odenwald zu gehen.

Vor Zwingenberg und Lindach liegt versteckt die Ruine Stolzeneck. Um sie ranken sich mehrere Sagen. Neckargerach gegenüber liegt die Minneburg, die mehr durch die Sage denn durch die Geschichte bekannt ist. In kurpfälzischer Zeit war Neckargerach wie zuvor schon Eberbach ein wichtiger Umschlagplatz für Neckarfische. Über die Margaretenschlucht kann man im Hohen Odenwald Schollbrunn, Dielbach und Waldkatzenbach erreichen und zum Katzenbuckel, der höchsten Erhebung des Odenwaldes wandern. Der Rückweg empfiehlt sich über die Wolfsschlucht nach Zwingenberg. Unterhalb der Minneburg liegt Guttenbach, ein Ortsteil von Neckargerach. In Binau steht das sehenswerte ehemalige Schloß der Grafen von Waldkirch. Von

Oben: Gegenüber der Vierburgenstadt Neckarsteinach liegt auf dem Dilsberg das gleichnamige Städtchen mit winkeligen Gassen und altem Gemäuer. In seiner Burg war einst auch der Karzer eingerichtet, in dem unbotmäßige Heidelberger Studenten ihre Strafe absitzen mußten.

Rechts: Ob zu Fuß, mit dem Rad, mit dem Schiff oder mit dem Auto, das romantische Neckartal belohnt jeden Besucher mit malerischen Aus- und Einblicken.

der auf einer Felsnase stehenden Burgruine Dauchstein ist nur noch der Bergfried und die Schildmauer erhalten. Sie diente dereinst zur Erhebung des Neckarzolles, wie die anderen zuvor schon erwähnten Burgen auch. Nach der Reise durch die vorwiegend vom Mittelalter geprägten Siedlungen im Neckartal empfängt den Wanderer in Obrigheim die Moderne. Industrie und modernes Gewerbe kennzeichnen diesen Ort. Bildungszentrum, Neckarhalle und vor allem das Kernkraftwerk sind zu den Kennzeichen Obrigheims geworden. Und doch holt uns auch hier die mittelalterliche Geschichte wieder ein, in diesem ehemals pfälzischen Flecken: Unter der Kirche liegen die Grundmauern einer Burg des 12. Jahrhunderts und gegenüber der Elzmündung grüßt Schloß Neuburg voller Stolz herab.

In Neckarelz sollte der dortigen Johanniterkirche mit ehemaligem Spital über dem Kirchenraum ein Besuch abgestattet werden. Neckarzimmern ist eng mit der Götzburg Hornberg verbunden. Herrlich liegt diese Burg in einer Weinlage. Sie wird bewirtschaftet und gehört den Herren von Gemmingen-Hornberg. Die Weine dieser Lage wurden bis nach Wien und Budapest geliefert. In Neckarzimmern selbst steht das Schloß der Freiherren von Gemmingen. Bevor wir den Neckar an dieser Stelle verlassen, machen wir noch einen Abstecher nach Neunkirchen im Kleinen Odenwald. Es ist der Geburtsort der romantischen Dichterin Auguste Pattberg (1769–1850). Sie ist die Schöpferin der weithin bekannten Volkslieder „Es steht ein Baum im Odenwald“ und „Bald gras ich am Neckar“. An der katholischen Kirche im Dorf ist eine Gedenktafel angebracht, ebenso eine in Neckarelz im Bereich der Johanniterkirche. Mit diesen fröhlichen Melodien auf den Lippen verlassen wir das liebliche Neckartal, das trotz oder gerade wegen seiner vielen Staustufen eine Schiffsreise wert ist.

Vom Neckartal zurück in das Herz des Odenwaldes, nach Michelstadt und seiner mittelalterlichen Stadtbefestigung mit dem Diebsturm. Von dort führt eine Holzbrücke zum Marktplatz mit dem imposanten Rathaus.

Feste und Märkte rund ums Jahr

Beim Beerfelder Pferde-, Fohlen- und Zuchtviehmarkt, der größten Tierschau in Südhessen, präsentieren sich stolz Pferde, Kühe, Schafe und Bullen – und natürlich auch deren Besitzer.

Die „Odewäller Kerb“
(Kirchweih)
In vielen Orten des Odenwaldes ist die „Kerb“ (Kirchweih) heute noch das bedeutendste Fest im Jahr. In früheren Zeiten kam die Verwandtschaft von weither angereist, um die Kerb zu feiern. Dem großen Ereignis ging immer ein gründlicher Hausputz (Kerweputz) voraus. An Kerbsamstag wurden die großen Blechkuchen zum Bäcker getragen. Riwwelkuchen, Zimtkuchen, Apfelkuchen und Käsekuchen gab es in jeder Familie. Sonntags war für jung und alt Kirchgang angesagt. Die Mutter blieb jedoch meistens zuhause, um den „Kerwebraten“ vorzubereiten. Die „Kerweborsch“ (Burschen) hatten das Fest lange vorher schon mit den Wirten im Ort abgesprochen. Nachdem die „Kerwebobbe“ (Puppe aus Stroh) von der Dorfjugend ausgegraben war, zog man mit ihr durch den Ort. Der Kerwetanz gegen Abend wurde mit einer lustigen „Kerweredd“ (Rede) vom „Kerwevadder“ eröffnet. Die ganze Nacht hindurch bis morgens nach Sonnenaufgang wurde getanzt und gefeiert. Dazwischen riefen die Burschen immer wieder „wem is die Kerb“, die Antwort kam dann „unser“. An Kerwemontag reiste die Verwandtschaft zum größten Teil wieder ab. Die Dorfjugend traf sich erneut gegen Abend zum Tanz. Auch die Alten kamen bis dahin wieder „auf die Beine“. Kurz vor Mitternacht wurde die Kerwebobbe (Strohpuppe) unter lautem Jammern und Klagen aus dem Dorf getragen, wo sie begraben oder mancherorts auch verbrannt wurde.

Der Erbacher Wiesenmarkt
(Eulbacher Markt)
Ein Fest der Freude für die Bewohner seiner Grafschaft sollte es sein, als Graf Franz I. zu Erbach-Erbach im Jahre 1802 den Eulbacher Markt ins Leben rief. Mittlerweile gilt er als das größte Volksfest im Odenwald. Der Erbacher Wiesenmarkt findet jährlich in der letzten Juliwoche statt. Den Besuchern wird ein vielseitiges Festprogramm geboten. Die Eröffnung beginnt mit einem Festzug vom Marktplatz zum Festgelände. Im Festprogramm enthalten ist auch Reit- und Springturnier. Ansonsten gibt es viele Lustbarkeiten im großen Vergnügungs- und Verkaufsmarkt. Die Erbacher Zeitrechnung geht von Wiesenmarkt zu Wiesenmarkt. „Ich feier meinen Geburtstag vor oder nach dem Wiesenmarkt.“

Der Michelstädter „Bienenmarkt“
Ein Vergnügungs- und Verkaufsmarkt, der jedes Jahr in der Pfingstwoche stattfindet.

Beerfelder Pferde-, Fohlen- und Zuchtviehmarkt
Er wird traditionell am zweiten Wochenende im Juli abgehalten, im Jahr 1901 als landwirtschaftlicher Markt gegründet, ist er heute die größte und vielseitigste Tierschau in Hessen. Zur Prämierung kommen über 1000 Tiere aus ganz Südhessen. Im Festprogramm ist auch ein Springturnier für Pferde der S- und M-Klasse enthalten. Ein großer Vergnügungs- und Verkaufsmarkt ist eingeschlossen.

Höchster „Apfelblütenfest“
Es findet immer am ersten Wochenende im Mai statt. Diesem Ereignis geht die Wahl der Apfelblütenkönigin durch die Mitglieder des Festausschusses voraus. Höhepunkt ist ein großer Festzug am Sonntagnachmittag.

Winzerfest in Groß-Umstadt, der Weininsel im Odenwald. Auf Quarzporphyrböden gedeihen hier edle Weine, die auch von der Weinkönigin gerne verkostet werden.

Beim Michelstädter Bienenmarkt verführen Vergnügungspark und Verkaufsstände brave Odenwälder zum bedenkenlosen Prassen. Warum die Michelstädter Bürger „Bie" heißen hat folgende Erklärung: Ein schlafender Wächter wurde durch einen Bienenstich gerade noch rechtzeitig geweckt, um seine Mitbürger vor den herannahenden Feinden warnen zu können.

Der „Michelsmarkt" in Reichelsheim findet alljährlich am 4. Wochenende im August statt. Im Rahmen dieser Veranstaltung findet auch eine Fohlenschau statt. Höhepunkt der Veranstaltung ist der Festzug am Sonntag, der unter dem Motto „Odenwälder Brauchtum und Handwerk" steht.

Das Lindenfelser Burg- und Trachtenfest findet jedes Jahr am 1. Wochenende im August statt. Den Festauftakt gestaltet die Lindenfelser Trachtengruppe jeweils am Freitag mit einem „Lindenfelser Trachtenabend". Mit Beginn der Dunkelheit setzt am Samstag die Burgbeleuchtung ein, danach erfolgt ein großes Feuerwerk. Im Festzug wird die „Odenwälder Bauernhochzeit" aus früherer Zeit mitgeführt.

Das Überwälder Heimatfest in Wald-Michelbach findet immer am ersten Wochenende im Juli statt. Dieses Fest ist seit 1949 eine Fortsetzung der früheren „Laurenzius- und Viermärkte". Sonntags nachmittags wird ein großer Festzug durchgeführt.

Das Heinerfest in Darmstadt findet am ersten Juli-Wochenende eines jeden Jahres statt. Das Marktgeschehen spielt sich ausschließlich in der Innenstadt um den Luisenplatz ab.

Das Bergsträßer Winzerfest in Bensheim dauert 10 Tage. Es beginnt am ersten Wochenende im September. Der historische Marktplatz von Bensheim ist in dieser Zeit zu einem „Weindorf" umgestaltet. In Weinlauben werden Bergsträßer Weine ausgeschenkt. Während der Festwoche findet freitags eine große „Gebietsweinprobe" statt. Eine kulinarische Weinprobe (Essen und Trinken) wird ebenfalls angeboten. Am ersten Festsonntag führt ein großer Festzug unter dem Motto „Wein und Winzer an der Bergstraße" durch die Stadt Bensheim. Auf einem schmucken Festwagen präsentiert sich die „Bergsträßer Weinkönigin".

Der Bergsträßer Weinmarkt in Heppenheim wird zehn Tage lang gefeiert. Das Fest beginnt in der letzten Juni-Woche. Festbetrieb mit Weinlauben erwartet die Besucher auf dem historischen Marktplatz und im Kur-Mainzer-Amtshof. Täglich Tanz und Musik „rund um den Bergsträßer Wein" mit der Bergsträßer Weinkönigin.

Das Zwingenberger Weinfest findet über Pfingsten auf dem Marktplatz in Zwingenberg statt. „Fröhlichkeit beim Bergsträßer Wein", so heißt das Motto. Da dieses Weinfest in die Spargelzeit fällt, steht Bergsträßer Spargel auf der Speisekarte.

Der Odenwälder Weihnachtsmarkt in Michelstadt, ein Verkaufsmarkt in der historischen Innenstadt um das alte Rathaus an den vier Adventwochen jeweils von Mittwoch bis Sonntag. Der Posaunenchor verleiht diesem Markt die festliche Stimmung.

Der Altdeutsche Weihnachtsmarkt in Erbach findet an allen vier Adventwochenenden in der Erbacher Innenstadt auf dem Marktplatz und im „Städtel" statt. Der höchste Weihnachtsbaum in der Bundesrepublik Deutschland leuchtet vor dem Schloß des Grafen zu Erbach-Erbach.

Das Winzerfest Groß-Umstadt findet am Wochenende nach dem 15. September statt, ein Weinfest mit Vergnügungspark in der Innenstadt und auf dem historischen Marktplatz. Höhepunkt ist der Festzug am Sonntag durch die Straßen der Stadt. Die Groß-Umstädter Weinkönigin führt mit einem prunkvollen Festwagen den Zug an.

Beim Mörlenbacher Krämermarkt wird in riesigen Mengen das Odenwälder Grundnahrungsmittel „Latwersche" gekocht, ein wohlschmeckendes Mus aus heimischen Zwetschgen, das vielerlei Gerichten die besondere Note verleiht. An dieser Stelle sollen nun die alten und neuen Gerichte aus der Odenwälder Küche zu Wort kommen. Wir wünschen gutes Gelingen und einen gesegneten Appetit.

Vesper, Suppen und Eintöpfe

Mit Musik aus dem Odenwald

HANDKÄS' MIT MUSIK
4 reife Handkäs'
2 EL Weinessig
1 EL Wasser
1 EL Öl
feingehackte Zwiebeln
Kümmel
schwarzer Pfeffer aus der Mühle

SCHWARTENMAGEN MIT MUSIK
375 g Schwartenmagen
1 Apfel
2 Tomaten
2 Zwiebeln
2 Gewürzgurken
2 EL Mixed Pickles
1 hartgekochtes Ei
2 EL Essig
2 EL Öl
Salz
Pfeffer aus der Mühle
1 EL feingehackte Kräuter der Saison

HANDKÄS' MIT MUSIK
Für jede Person einen Handkäs' auf einem Teller anrichten. Für die Musik die angegebenen Zutaten außer dem Pfeffer gut verrühren und über den Käsen verteilen. Zum Schluß noch mit schwarzem Pfeffer aus der Mühle würzen. Dazu schmeckt Bauernbrot mit Butter bestrichen und Apfelwein.

SCHWARTENMAGEN MIT MUSIK
Den Schwartenmagen von der Haut befreien und würfeln. Den Apfel schälen und das Kerngehäuse entfernen. Die Tomaten kurz in heißes Wasser legen und die Haut abziehen. Die Zwiebeln ebenfalls schälen. Dann den Apfel, die Tomaten und die Zwiebeln zusammen mit den Gewürzgurken, den Mixed Pickles und dem gekochten Eiweiß würfeln. Aus Essig, Öl, Salz und Pfeffer, den Kräutern und dem zerdrückten Eigelb eine Marinade rühren und mit den anderen Zutaten vermischen. Über den Schwartenmagen geben und mindestens eine halbe Stunde durchziehen lassen. Dazu schmeckt kräftiges Roggenbrot.

Für einen „dorschenen Handkees mit Musik" geht der Odenwälder meilenweit. Doch das muß er gar nicht, denn im Herzen des Odenwaldes, in Mossautal, wird der Hüttenthaler Frühstückskäse hergestellt, eine von sieben geschützten deutschen Käsespezialitäten aus der Familie der Wein- und Münsterkäse. Bei der Verabreichung dieses Gerichts braucht der Wirt nicht einmal die Gema zu informieren, denn für die Musik sorgt der Gast, und die wird erst zu Hause gemacht. „Vun eme Handkees kann mer net mäih verlange, als daß er schtinkt", heißt ein Sprichwort, und der Odenwälder setzt noch eins drauf: „Der doo un en Handkees gibt zwaa Schtinker."

MOLKEREI
Hüttenthal

Odenwälder Zwiwwelkuche

Für ein quadratisches Backblech

Für den Teig:
500 g Mehl
1 TL Salz
40 g Hefe
1/4 Liter Milch
1 TL Zucker
100 g Butter oder Schweineschmalz

Für den Belag:
1 kg Zwiebeln
65 g Dörrfleisch
65 g Butter
2 Eier
Salz
Kümmel nach Belieben

Butter für das Blech

Für den Teig: Das Mehl in eine Schüssel sieben, salzen, in die Mitte eine Mulde drücken und die Hefe hineinbröckeln. Etwas lauwarme Milch und den Zucker in die Mulde geben und zu einem kleinen Vorteig verrühren, 15 Minuten zugedeckt an einer warmen Stelle gehen lassen. Die restliche Milch und die weiche Butter oder das Schweineschmalz darunterrühren und kräftig durcharbeiten. Die Schüssel mit einem Tuch zudecken und an einem warmen Ort noch einmal etwa 30 Minuten gehen lassen. Für den Belag: Währenddessen die Zwiebeln schälen und in feine Ringe oder Würfel schneiden. Das Dörrfleisch würfeln. Die Butter in einem breiten Topf erhitzen und das Dörrfleisch darin auslassen. Die Zwiebeln dazugeben und so lange dämpfen, bis sie glasig sind. Etwas abkühlen lassen. Die Eier dazurühren, mit Salz und Kümmel abschmecken. Den Teig auf dem eingefetteten Backblech ausrollen, einen Rand hochdrücken, noch einmal kurz gehen lassen. Die Zwiebelmasse daraufgeben und gleichmäßig verstreichen. Im Backofen bei 200 bis 220 °C etwa 35 bis 45 Minuten backen.

Zwiebelkuchen gibt es in vielen Regionen, immer und überall genießt man dazu gerne frisch gepreßten oder noch gärenden Saft. In Weingegenden natürlich Federweißen, in Apfelweingegenden wie dem Odenwald „Sießer“ (frischen Apfelmost) oder „Rauscher“ (gärenden Apfelmost). Apfelwein oder „Ebbelwoi“ ist der Haustrunk der Odenwälder. Wenn er auch nicht mit der Sortenvielfalt des Traubenweines aufwarten kann, so schmeckt er doch immer wieder anders. Kenner schätzen zum „Zwiwwelkuche“ einen kräftigen, eher herben Apfelwein.

Kochkäse in drei Variationen

Für 4–6 Personen

AUS QUARK UND HANDKÄSE
200 g Handkäse
100 g Butter
2 TL Natron
500 g Magerquark
Salz
Kümmel

AUS SCHICHTKÄSE
500 g Schichtkäse
2 TL Natron
100 g Butter
Kümmel und Salz nach Belieben

EIN ALTES REZEPT AUS OMAS KÜCHE
500 g Quark
30 g Butter
60 ml heiße Milch
Kümmel nach Belieben
Salz

AUS QUARK UND HANDKÄSE
Handkäse, Butter und Natron zusammen in einer Schüssel im Mikrowellenherd oder Wasserbad zergehen lassen.
Magerquark unter die Masse rühren und alles nochmals erwärmen. Je nach Geschmack mit Salz und Kümmel würzen.

AUS SCHICHTKÄSE
Schichtkäse gut abtropfen lassen, zusammen mit Natron und Butter in eine Schüssel geben und im Wasserbad langsam erwärmen, bis Schichtkäse und Butter geschmolzen sind. Nicht kochen lassen. Die Masse mit dem Schneebesen oder Rührgerät schlagen, bis sie glatt ist.
Salz und Kümmel hinzugeben, umrühren und abkühlen lassen.

Wie immer man den Kochkäse zubereitet, am besten schmecken dazu Bauernbrot mit Butter und Apfelwein.

EIN ALTES REZEPT AUS OMAS KÜCHE
Der Quark wird in einem Topf oder in einer Schüssel zugedeckt an einen warmen Ort gestellt, dabei täglich umgerührt. Nach 1 bis 2 Wochen ist der Quark reif (glasig). Dann den Quark im Wasserbad mit den angegebenen Zutaten unter Rühren so lange kochen, bis die Probe auf dem Teller erstarrt. Die fertige Masse, die gelb und glasig aussehen muß, in Schüsseln füllen und auskühlen lassen.

Dieses Rezept aus Omas Küche gelingt nur, wenn Sie dafür Quark verwenden, der aus unbehandelter Milch hergestellt wurde. Heute werden durch die industrielle Behandlung die natürlichen Keime und Bakterien abgetötet, und der Quark verschimmelt, wenn Sie ihn auf die oben beschriebene Weise „traktieren".

Ebbel
woi
UHRIG
ODENWALD

Sülze von der Odenwälder Lachsforelle

Für die Sülze:
1 Lachsforelle von etwa 700 g
Salz, Pfeffer
200 ml Weißwein
2 Karotten
1 Stange Lauch
1 kleiner Sellerie
1 Zwiebel
5 Eiweiß
7 Blatt Gelatine
2 Stengel feingeschnittener Dill

Für die Brennesselsauce:
100 g junge Brennesselblätter
4 EL Sauerrahm
Salz, Pfeffer

Für den Champignonsalat:
200 g Champignons
200 ml Rinderbrühe
10 ml Sherryessig
10 ml Balsamicoessig
10 ml Himbeeressig
15 ml Walnußöl
feingeschnittener Schnittlauch
Salz, Pfeffer, Zucker

Für die Sülze: Vom Fischhändler die Lachsforelle filetieren lassen und die Karkasse für den Sud mitnehmen. Das Fischfilet von Haut und Gräten befreien, in zuckerwürfelgroße Stücke schneiden, mit Salz und Pfeffer würzen. Den Weißwein zum Kochen bringen, die Fischstücke darin in 5 Minuten garen, herausnehmen und abkühlen lassen. Karotten, Lauch, Sellerie putzen und in feine Würfel schneiden. Die Zwiebel schälen. Die Hälfte der Gemüse und die ganze Zwiebel mit dem erkalteten Weißweinfond, einem halben Liter Wasser, den Eiweißen und der kleingehackten Fischkarkasse verrühren, in einem Topf langsam unter öfterem Rühren zum Kochen bringen und 15 Minuten ohne Hitze ziehen lassen. In der Zwischenzeit die restlichen Gemüsewürfel in etwas Salzwasser blanchieren, abgießen und auf einem Tuch trocknen lassen. Die Gelatine in kaltem Wasser einweichen. Den Fischfond durch ein Tuch abgießen, mit Salz und Pfeffer würzen. Die Gelatine ausdrücken und im warmen Fischfond auflösen. Die Fischbrühe etwas abkühlen lassen. Den Dill, die Gemüsewürfel und die Lachsforellenwürfel hinzugeben, dann in eine Terrinenform oder in kleine Förmchen füllen. Mindestens 1 Stunde im Kühlschrank erstarren lassen.

Für die Brennesselsauce: Die Brennesseln mit Handschuhen von den Stielen zupfen und in wenig Wasser weich dünsten, im Mixer pürieren. Das Brennesselmus zum Sauerrahm geben, mit Salz und Pfeffer abschmecken.

Für den Champignonsalat: Die Champignons waschen, in Scheiben schneiden. Alle Zutaten für das Dressing verrühren und über die Champignons geben.

Die Sülze stürzen und in Scheiben schneiden, mit Champignonsalat und Brennesselsauce anrichten und als Vorspeise servieren.

Eine feine, leichte Vorspeise aus der neuen Odenwälder Küche, die etwas Arbeit macht. Doch die Mühe wird belohnt, nicht nur Gaumen und Zunge können sich freuen, auch dem Auge wird etwas geboten.

Weisse Kartoffelsuppe mit Kartoffelhörnchen

Für die Kartoffelhörnchen:
250 g in der Schale gekochte Kartoffeln
250 g Mehl
10 g Backpulver
80 g Zucker
50 g Butter
1 Prise Salz
Zwetschgenmus (Latwerge) zum Füllen

Für die Kartoffelsuppe:
50 g Bauchspeck
1 Zwiebel
1 kleine Stange Lauch
400 g Kartoffeln
30 g Butterschmalz
¾ Liter Milch
Salz, Muskat
schwarzer Pfeffer aus der Mühle
30 g Butter
etwas feingeschnittener Schnittlauch

Für die Kartoffelhörnchen: Die Kartoffeln schälen und fein reiben, am besten auf einer Gemüsereibe. Das Mehl mit dem Backpulver dreimal versieben. Mehl, Kartoffeln, Zucker, Butter und Salz zu einem Teig verarbeiten. Diesen Teig in 3 Teile teilen. Jedes Teil zu einer runden Platte von etwa 25 cm Durchmesser ausrollen und jedes Teigstück diagonal über Kreuz mit einem Messer in vier Teile schneiden. Auf jedes dieser geschnittenen Stücke einen Teelöffel Zwetschgenmus geben und von der Längsseite beginnend zu einem Hörnchen aufrollen. Die Hörnchen auf ein Backblech setzen, mit dem verquirlten Ei bestreichen und etwa 20 Minuten bei 180 °C im vorgeheizten Ofen backen. Diese Hörnchen ißt man zur weißen Kartoffelsuppe.
Für die weiße Kartoffelsuppe: Den Bauchspeck in Würfel schneiden. Die Zwiebel schälen und fein schneiden, den Lauch putzen, waschen und in Streifen schneiden. Die Kartoffeln schälen und würfeln. Das Butterschmalz in einem breiten Topf erhitzen und den Bauchspeck darin anrösten. Zwiebel, Lauch und Kartoffeln dazugeben und durch eifriges Rühren mit anschwitzen. Dann mit Milch auffüllen und die Suppe so lange kochen lassen, bis die Kartoffeln gar sind, das dauert etwa 15 Minuten. Die Suppe mit dem Schneidstab fein pürieren, mit Salz, Muskat und schwarzem Pfeffer würzen. Die Butter in einer Pfanne leicht braun werden lassen, über die Suppe gießen und den Schnittlauch darüberstreuen.

Die weiße Odenwälder Kartoffelsuppe ist eine raffinierte Variante des allseits beliebten Magenwärmers. Wenn sie zusammen mit den Kartoffelhörnchen serviert wird, stellt sie ein komplettes sättigendes Mahl dar. Wiederum beweisen diese beiden Rezepte, daß die unansehnliche, aber gesunde Knolle immer noch Überraschungen parat hält.

KARTOFFELSUPPE
MAL DEFTIG UND MAL FEIN

Für 6–8 Personen

ODENWÄLDER KARTOFFELSUPPE
750 g Kartoffeln
1 Karotte
1 Lauch
1/2 Zwiebel
1 EL Butterschmalz
1 Liter Fleischbrühe
Salz
Pfeffer
100 g Dörrfleisch
etwas feingehackte Petersilie

KARTOFFEL-RIESLING-RAHMSÜPPCHEN
1 Liter Gemüsebrühe
300 g Kartoffeln
1 kleine Zwiebel
1 kleine Zucchini (100 g)
1 Karotte (100 g)
1/4 Stange Lauch
100 ml geschlagene süße Sahne
100 ml Odenwälder Riesling, trocken
etwas Salz, Pfeffer
1 geräucherte Forelle
feingeschnittener Schnittlauch

ODENWÄLDER KARTOFFELSUPPE (oben)
Die Kartoffeln waschen, schälen und in Würfel schneiden. Die Karotte waschen, schaben und würfeln, ebenso den Lauch waschen, putzen und in Streifen schneiden, die Zwiebel schälen und würfeln. Das Fett in einem Topf erhitzen und die Zwiebel darin glasig dünsten, mit der Fleischbrühe auffüllen, die Kartoffeln und das geschnittene Gemüse zugeben und zum Kochen bringen. Wenn die Kartoffeln und das Gemüse gargekocht sind, das dauert etwa 15 bis 20 Minuten, alles mit einem Pürierstab fein zerkleinern und mit Salz und Pfeffer abschmecken. Nun noch das in Würfel geschnittene Dörrfleisch in einer Pfanne anbraten und in die Suppe geben. Zum Schluß die Petersilie darüberstreuen.

KARTOFFEL-RIESLING-RAHM-SÜPPCHEN (unten)
Die Gemüsebrühe zum Kochen bringen. Kartoffeln und Zwiebel schälen, Zucchini, Karotte und Lauch putzen. Alle Gemüse kleinschneiden und in der Gemüsebrühe etwa 20 Minuten kochen lassen. Alles zusammen mit dem Pürierstab fein zerkleinern. Nochmals leicht aufkochen lassen, die Sahne bis auf einen kleinen Rest und den Wein dazugeben, nach Belieben mit etwas Salz und Pfeffer nachwürzen, in Teller geben und das in kleine Stückchen geschnittene Forellenfleisch darauflegen. Mit einem Sahnetupfer und Schnittlauch garnieren.

Unter den geräucherten Forellen unterscheidet man warm- und kaltgeräucherte. Forellen in Portionsgröße werden immer warmgeräuchert, das heißt in den Rauch gehängt und mit Wärme gegart. Bei der kalten Räucherung werden Lachsforellen als Frischfisch filetiert, danach kommen sie in eine Salzlake und werden dadurch mariniert. Bei höchstens 28 Grad Celsius für maximal zwei Tage in den Rauch gehängt, bekommen sie den kräftigen Rauchgeschmack.

Odenwälder Forellenrahmsüppchen

Die Odenwald-Gewässer sind typische Forellengewässer, in denen sich besonders die aus Nordamerika stammende Regenbogenforelle wohl fühlt. Nach eineinhalb bis zwei Jahren erreicht sie schon Speisefischgröße und ist deshalb als Zuchtfisch beliebt. Die Bachforelle dagegen ist anspruchsvoller und benötigt mindestens drei Jahre, bis sie eine Größe erreicht hat, um einen gesunden Appetit zu befriedigen.

2 frische Forellenfilets
20 g Butter
1 kleine, feingeschnittene Zwiebel
1/2 Knoblauchzehe
1 gehäufter EL Mehl
100 ml trockener Bergsträßer Riesling
1/2 Liter Fleischbrühe
1/4 Liter süße Sahne
Pfeffer
etwas Zitronensaft
Salz
1 EL Crème fraîche
etwas feingeschnittener Dill

Die Forellenfilets mit der Hautseite nach unten auf ein Küchenbrett legen, ungefähr einen halben Zentimeter dicke Scheiben durch schräges Schneiden von der Haut abtrennen und in Stücke schneiden. In einem Topf die Butter erhitzen, die Zwiebel und die feinzerdrückte Knoblauchzehe darin glasig anschwitzen. Das Mehl zugeben und glattrühren. Danach mit dem Wein ablöschen, mit der Fleischbrühe und der Sahne auffüllen und kurz kochen lassen. Nun kommen die Forellenstückchen dazu. Mit Pfeffer aus der Mühle, etwas Zitronensaft und eventuell etwas Salz abschmecken. Kurz aufkochen lassen und mit Crème fraîche und etwas Dill vollenden.

1992er
KABINETT
MIT PRÄDIKAT

GRÜNKERNSUPPE

Für die Suppe:
50 g ganzer Grünkern
1 mittelgroße Zwiebel
2 EL Butter
125 g Grünkernschrot
1 ½ Liter kräftige Fleischbrühe
1 Ei
6 EL süße Sahne
Salz, Pfeffer

Für die Markklößchen:
60 g Rindermark
2 Eier
80 g geriebenes Weißbrot oder Semmelbrösel
Salz
feingeschnittene Petersilie
1 Prise Muskat

Für die Suppe: Den ganzen Grünkern über Nacht in Wasser einweichen. Am nächsten Tag Wasser abgießen. Die Zwiebel schälen und kleinschneiden. Die Butter in einem Topf erhitzen und die Zwiebel mit dem Grünkernschrot darin anschwitzen. Mit der Fleischbrühe aufgießen, den ganzen Grünkern dazugeben und ½ Stunde köcheln lassen. Das Ei mit der Sahne verquirlen, unter die Suppe rühren und mit Salz und Pfeffer abschmecken. Für die Markklößchen: Das Mark kleinschneiden und in einer Pfanne bei kleiner Hitze weich werden lassen. Mark durch ein Sieb streichen, damit keine Knochensplitter darin bleiben, und schaumig rühren. Dann Eier, geriebenes Weißbrot oder Semmelbrösel, Salz, Petersilie und Muskat dazurühren. Diesen Teig 30 Minuten ruhen lassen. Salzwasser erhitzen. Aus dem Teig mit den Händen kleine Klößchen formen und im Salzwasser garziehen lassen. Wenn sie an die Oberfläche steigen, sind sie fertig. Herausnehmen und in die Grünkernsuppe geben.

Der Grünkern kam aus dem badischen Odenwald herüber, wo er von den Landwirten in den Grünkerndarren aufbereitet wurde. Er wird aus dem Spelz gewonnen, einer wetterharten Weizenart, die in anderen Gegenden auch Dinkel genannt wird. Nach der Überlieferung soll er im nassen Sommer des Jahres 1817 durch Zufall entdeckt worden sein. Als der Spelz nicht reifen wollte, dörrten die Bauern die halbreifen, vom Halm geschnittenen Ähren im Backhaus und erhielten so eine brauchbare Einlage, mit der sie die Wassersuppen von damals etwas verdicken und schmackhaft anreichern konnten.

Brennesselsuppe mit Kalbsbrieskrapfen

Für 6 Personen

Für die Suppe:
3 Handvoll junge Brennnesselblätter
50 g Butter
2 EL feine Zwiebelwürfel
40 g Mehl
1 Liter Fleisch- oder Gemüsebrühe
300 ml Sahne
Salz, Pfeffer

Für die Kalbsbrieskrapfen:
150 g Kartoffeln
20 g Butter
125 g Mehl
1 Ei
Salz
Muskat
1 mit Nelken und Lorbeerblatt gespickte Zwiebel
10 Pfefferkörner
150 g Kalbsbries
Semmelbrösel
Fett zum Ausbacken

Für die Suppe: Die Brennesselblätter waschen, in kochendem Wasser blanchieren und in Eiswasser abschrecken. Danach im Mixer fein pürieren und durch ein feines Sieb streichen. Eventuell etwas Wasser beim Mixen zufügen. Butter in einem Topf erhitzen, Zwiebelwürfel darin andünsten, mit Mehl bestäuben und mit der Brühe aufgießen. Gut durchrühren und aufkochen. Bei kleinster Hitze 20 Minuten ziehen lassen. Die Sahne zugeben und gut durchkochen. Danach das Brennesselpüree zufügen, mit Salz und Pfeffer abschmecken und mit den Kalbsbrieskrapfen anrichten.
Für die Kalbsbrieskrapfen: Kartoffeln schälen und in Wasser gar kochen. 1/8 Liter Wasser mit der Butter zum Kochen bringen. Das Mehl auf einmal hineingeben und sofort kräftig rühren, bis sich der Teig als Kloß vom Topfboden löst. Das Ei unter den Teig rühren. Die Kartoffeln durchpressen und ebenfalls unter den Teig mischen, mit Salz und Muskat abschmecken. Salzwasser zusammen mit der gespickten Zwiebel und den Pfefferkörnern zum Kochen bringen und das geputzte und gesäuberte Kalbsbries in etwa 10 Minuten darin garziehen lassen. Danach in kleine Stücke zerrupfen und unter die Kartoffelmasse mischen. Davon kleine Nocken abstechen, in den Händen mit Semmelbröseln kartoffelähnlich formen. In einer Friteuse Bratfett erhitzen, die Krapfen goldbraun ausbacken und auf die angerichtete Suppe setzen.

In dieser feinen Suppe werden die einfachen Brennesseln, die überall als Unkraut gelten, zur raffinierten Delikatesse.

ALTEHRWÜRDIGE ODENWÄLDER ABENDESSEN

Früher lebten die Menschen im Odenwald einfach und bescheiden. Kartoffeln bildeten die Hauptnahrung der armen Leute. Morgens wurden sie in Scheiben geschnitten und ohne Fett auf der Ofenplatte gebraten. Abends kamen sie als „Gequellte" (Pellkartoffeln) mit entrahmter Frisch- oder Dickmilch, mit Riwwlsupp oder auch mit Zwiwwelsooß auf den Tisch.

RIWWELSUPP
1–2 Eier
100 g Mehl
Salz
1 Liter Milch

ODENWÄLDER ZWIWWELSOOSS
150–200 g Zwiebeln
40 g Bratfett
½ Liter Wasser oder Fleischbrühe
40 g Mehl
Salz
1–2 EL saure Sahne nach Belieben
½ Prise Zucker
etwas Paprikapulver
Pfeffer

RIWWELSUPP' (oben)
Eier, Mehl und Salz mit den Händen verreiben, daß kleine Streusel entstehen. Diese in die kochende Milch geben und etwa 10 Minuten garen. Mit Salz abschmecken. Dazu gibt es Pellkartoffeln.

ODENWÄLDER ZWIWWELSOOSS (unten)
Zwiebeln schälen, in Ringe schneiden, in das erhitzte Fett geben und dunkelbraun rösten, mit der Brühe auffüllen. Zwiebeln in 15 bis 20 Minuten garkochen. Mehl mit 2 Eßlöffel Wasser verrühren und die Zwiebelsauce damit binden. Salzen, mit saurer Sahne, etwas Zucker, Paprika und Pfeffer abschmecken.

Zweierlei Gemüseeintopf

BRÖCKELBOHNEN
1 1/2 Liter Fleischbrühe
375 g Schweinefleisch vom Bauch
1 kg grüne Bohnen
500 g Kartoffeln
Bohnenkraut
Salz
Pfeffer
20 g Mehl nach Belieben

ERDRÜBENGEMÜSE
1 kg Erdrüben (Steckrüben)
1 1/2 Liter Fleischbrühe
etwa 375 g Salzfleisch
500 g Kartoffeln
40 g Butter
40 g Mehl
Salz
Pfeffer

BRÖCKELBOHNEN (unten)
Die Fleischbrühe zum Kochen bringen und das Schweinefleisch darin in 45 Minuten garkochen. Die Bohnen waschen, putzen, die Fäden entfernen. Die Kartoffeln schälen und in kleine Stücke schneiden. Nach 30 Minuten Bohnen und Kartoffeln zum Fleisch geben, das Bohnenkraut dazulegen, falls nötig, mit Fleischbrühe auffüllen, daß alles gerade bedeckt ist und noch 15 bis 20 Minuten mitgaren lassen. Kräftig mit Salz und Pfeffer abschmecken und nach Belieben mit in etwas Wasser glattgerührtem Mehl binden.
Wer die Bröckelbohnen auf ganz traditionelle Art zubereiten möchte, schneidet die Bohnen in kleine, etwa 2 cm große Stücke und läßt sie zusammen mit dem Fleisch und den Kartoffeln so lange garen, bis die Kartoffeln zerfallen. So mögen die alteingesessenen Odenwälder Bröckelbohnen am liebsten.

ERDRÜBENGEMÜSE (oben)
Die Erdrüben schälen, dabei die holzigen Teile entfernen und in dünne Scheiben schneiden. Diese kurz in kochendes Wasser legen, dann das Wasser abgießen. Die Erdrüben mit der Fleischbrühe und dem Fleisch aufsetzen und in 1 Stunde garkochen. In der Zwischenzeit die Kartoffeln schälen und in kleine Stücke schneiden. Nach 45 Minuten zum Fleisch und zu den Erdrüben geben und noch 15 Minuten mitgaren. Falls nötig, Fleischbrühe zugießen, daß alles gerade bedeckt ist. Die Butter in einem zweiten Topf erhitzen und das Mehl darin unter Rühren anschwitzen. Nach und nach unter ständigem Rühren die Fleischbrühe dazugießen, zum Schluß die Kartoffeln und die Rüben dazugeben. Mit Salz und Pfeffer abschmecken. Das Fleisch in Scheiben schneiden und mit dem Eintopf servieren. Nach Belieben noch einmal abschmecken.

Quer doorsch de Gaade

Für 6 Personen

1 Kohlrabi
4 Möhren
½ Sellerieknolle
1 Stange Lauch
½ Blumenkohl
350 g frische grüne Bohnen
2 Tomaten
80 g Zwiebeln
80 g Dörrfleisch
50 g Butterschmalz
1,5 Liter Fleischbrühe oder Wasser
Salz
frisch gemahlener Pfeffer
Petersilie

Den Kohlrabi, die Möhren und den Sellerie schälen und in Würfel schneiden. Den Lauch putzen, waschen und in Streifen schneiden. Vom Blumenkohl den Strunk herausschneiden und in Röschen teilen. Die Bohnen waschen, die Enden und die Fäden entfernen und in Stücke brechen. Die Tomaten kurz in kochendheißes Wasser legen, die Haut abziehen und würfeln. Die Zwiebeln schälen und würfeln, das Dörrfleisch ebenfalls würfeln. Das Butterschmalz erhitzen und das Dörrfleisch darin anrösten. Alle vorbereiteten Gemüse außer den Tomaten hinzufügen und mit der Fleischbrühe oder mit Salzwasser auffüllen. Bei kleiner Flamme etwa 20 Minuten kochen lassen. Zum Schluß die Tomatenwürfel hinzufügen, mit Salz und frisch gemahlenem Pfeffer abschmecken, mit gehackter Petersilie bestreuen. Man kann auch kleingeschnittenes Suppenfleisch als Einlage verwenden. In manchen Gegenden ißt man frischgebackene Waffeln dazu.

Früher schätzte man die Krautgemüse Weißkraut, Rotkraut und Wirsing mehr als heute. Der Samen dazu wurde im sogenannten „Grabgarten" hinter dem Wohnhaus ausgesät und zu Setzlingen herangezogen. Wer keinen sehr großen Garten hatte, legte sich auf einem guten Acker „Länder" an. Dort zog man auch Gelberüben, Untererdkohlraben, Stangen- und Buschbohnen, Erbsen, Gurken und Zwiebeln. Heute wird die Gemüsepalette noch durch einige weitere farbenprächtige sonnengereifte Sorten bereichert, was dieser Eintopf eindrucksvoll beweist.

GRAUPENEINTOPF

Gerstengraupen entstehen durch Schälen und Polieren der Gerstenkörner und waren früher mehr als heute eine beliebte Einlage für Suppen und Eintöpfe. Im Odenwald wird Sommer- und Wintergerste angebaut, die erstere allerdings vorwiegend zum Bierbrauen, die letztere wird als Viehfutter verwendet.

Stilleben mit Kühen im Kleinen Wiesental.

Für 4–6 Personen

200 g Gerstengraupen
2 Möhren
1 kleine Zwiebel
150 g Sellerie
1 EL Butterschmalz
500 g Lamm- oder Rindfleisch
Salz
Pfeffer
gehackte Petersilie

Die Graupen in kaltem Wasser über Nacht einweichen. Alle Gemüse putzen und in grobe Würfel schneiden. Das Fleisch ebenfalls in Würfel schneiden, die eine Kantenlänge von etwa 3 cm haben. Das Butterschmalz in einem Topf erhitzen und die Gemüsewürfel darin andünsten. Die Fleischwürfel dazugeben und mit andünsten. Das Wasser von den Graupen abgießen. Mit Salz und Pfeffer würzen. Etwa 30 Minuten kochen lassen, bis Graupen und Fleisch weich sind. Abschmecken und beim Anrichten mit Petersilie bestreuen.

Fisch, Fleisch, Wild und Geflügel

Forellen in feinem Kräuterrahm

Die Odenwaldforelle wird von jedem guten Küchenchef als Spezialität der Region in vielen köstlichen Variationen zubereitet.

4 Forellen
Salz
etwas Mehl
40 g Butterschmalz

Für die Sauce:
200 g Champignons
40 g Butter
100 ml Bergsträßer Riesling
Kerbel
Estragon
Dill
Basilikum
Petersilie
1/4 Liter süße Sahne
1 EL Crème fraîche
Saft von 1 Zitrone nach Belieben

Die Forellen mit wenig Salz würzen und in Mehl wenden. In dem Butterschmalz auf beiden Seiten nicht zu scharf anbraten. Zugedeckt auf kleiner Flamme noch 5 bis 8 Minuten garen lassen.
Für die Sauce: Die Champignons putzen und fein hacken. Die Butter in einer Pfanne erhitzen und aufschäumen lassen. Die Champignons in der Butter anschwitzen, mit dem Riesling ablöschen und etwas einkochen. Die Kräuter fein wiegen und zusammen mit der Sahne und der Crème fraîche dazugeben. Mit Salz und Zitronensaft abschmecken. Sauce über die Forellen geben und je ein Stück dünne Zitronenschale auflegen. Dazu passen Dampfkartoffeln oder Reis und Salate.

Gefüllte Hüttenthaler Lachsforelle

Für 6 Personen

1 Lachsforelle von etwa 1,2 kg
Saft von 1 Zitrone
Salz, Pfeffer
150 ml Sahne
3 Mangoldblätter

Für die Meerrettichsauce:
2 Zwiebeln
½ Stange Weißes vom Lauch
½ Sellerieknolle
30 g Butter
200 ml Weißwein
2 Lorbeerblätter
2 Nelken
10 g Mehl
100 ml Sahne
1 Prise Zucker
frischer Meerrettich nach Belieben
1 EL geschlagene Sahne

1 Räucherforellenfilet
Butter zum Bestreichen

Die Lachsforelle filetieren, die Haut abziehen und die Gräten herausziehen. Die beiden Filets gleichmäßig zuschneiden, mit Zitronensaft beträufeln und mit Salz und Pfeffer würzen.
150 g Fischfleischabschnitte mit der Sahne gut durchkühlen und im Mixer zu einer Farce pürieren. Die Mangoldblätter von den Stielen abtrennen und im kochenden Salzwasser kurz blanchieren.
Für die Meerrettichsauce: Die Zwiebeln, den Lauch und den Sellerie putzen, kleinschneiden und in zwei Drittel der Butter andünsten. Die Fischkarkassen hinzugeben, mit dem Weißwein und 300 ml Wasser auffüllen, Lorbeerblätter und Nelken dazugeben und etwa 15 Minuten leicht kochen, danach abpassieren. Aus der restlichen Butter und dem Mehl eine Mehlschwitze zubereiten und mit dem Fischfond auffüllen, gut durchkochen. Die Sahne hinzugeben, mit Salz, Pfeffer und einer Prise Zucker abschmecken, kurz vor dem Anrichten den geriebenen Meerrettich und die geschlagene Sahne unterheben.
In die beiden Lachsforellenfilets eine Tasche schneiden. Das Räucherforellenfilet längs teilen und mit Mangold umwickeln. In die aufgeklappten Lachsforellen nun die gewickelte Räucherforelle einlegen und das Filet zusammenrollen. Die restlichen Mangoldblätter auslegen und mit der Fischfarce bestreichen. Die Lachsforellenroulade mit Salz und Pfeffer würzen und in die Mangoldblätter einrollen. Aluminiumfolie mit Butter bestreichen und die Roulade hineinrollen. In leicht siedendem Wasser etwa 20 Minuten garziehen lassen.
Die Rouladen auspacken, in Scheiben schneiden und mit der Meerrettichsauce umgießen, dazu passen sehr gut Lauchgemüse und Kartoffelküchle.

Die Fischerei kommt gegenüber der Jagd als Wirtschaftszweig erst an zweiter Stelle. Weich und leicht sauer ist das Wasser im Odenwald, in jedem Falle aber sauber. Die Odenwaldforelle wird von jedem guten Küchenchef als Spezialität der Region angepriesen. Was Flüsse, Bäche und Teiche bieten, wird in Zuchtanlagen qualitativ und quantitativ ergänzt. Deshalb ist dieses Mittelgebirge nicht nur ein Paradies für Angler, sondern auch für Kulinariker, und wer beides gern tut, wird hier doppelt belohnt.

TROCKEN

Lachsforelle in Sauerampfersauce

Für 6 Personen

2 EL feine Zwiebelwürfel
40 g Butter
½ Liter Weißwein
200 ml Fischfond
Salz, Pfeffer
1 kg Lachsforellenfilet
200 g Crème fraîche
60 g Sauerampferblätter, in Streifen geschnitten

Die Zwiebelwürfel in der Butter andünsten, mit Weißwein und Fischfond ablöschen und mit Salz und Pfeffer würzen. Das Lachsforellenfilet in Portionen schneiden und in den kochenden Fischsud setzen. Zudecken und bei kleinster Hitze etwa 10 Minuten garziehen lassen. Den Fisch herausnehmen und warm stellen. Den Fischsud nun stark einkochen lassen. Die Crème fraîche zugeben und alles zu einer sämigen Sauce verkochen. Die Lachsforelle anrichten. Die Sauerampferblätter in Streifen schneiden, in die Sauce geben. Die Sauce mit den Sauerampferblättern vervollständigen und mit Salz und Pfeffer abschmecken. Die Lachsforelle mit der Sauce anrichten und sofort servieren. Dazu passen sehr gut Blattsalate oder Gemüse wie zum Beispiel Blattspinat, Kaiserschoten oder Spargel. Als Beilagen eignen sich Nudeln in allen Variationen, Reis oder Herzoginkartoffeln.

Immer wieder gelobt wird der Fischreichtum der Odenwaldbäche. Dr. Gottfried Ludwig Klein, Leibarzt des Grafen zu Erbach, schreibt in seinem „Odenwaldbuch" im Jahre 1754 folgendes: „Fische und Krebse von beachtlicher Größe, mit schönem weißem Fleisch und hervorragendem Geschmack schenkt uns die Natur reichlich. Man fängt Karpfen, Hechte, Forellen, darunter Stücke, die dem Lachs im Geschmack nahe kommen. Aale, Quappen, Äschen, Uckeleis, Barben, Schmerlen, Gründlinge, Barsche, Schleien und noch andere. Lachse stiegen früher in den Bächen aus dem Neckar hoch. Auch Bieber sollen früher aus dem Neckar gekommen und von unseren Vorfahren gefangen worden sein. Fischotter sind in unserer Gegend nicht selten." Heute dominieren Bachforellen und Regenbogenforellen in den Gewässern des Odenwaldes. Die Lachsforelle wird in Zuchtanlagen gehegt und gepflegt. Des Geschmacks und der Optik wegen erhält sie sogar karotinhaltiges Futter.

HESSISCHE BERGSTRASSE
Heppenheimer Schloßberg
1992er
RIESLING · KABINETT
HALBTROCKEN
QUALITÄTSWEIN MIT PRÄDIKAT
ERZEUGERABFÜLLUNG
Hess. Bergstraße

Odenwälder Schlachtplatte

Für 6 Personen

2 Zwiebeln
2 EL Schweineschmalz
1 kg Sauerkraut
5 Wacholderbeeren
1 Lorbeerblatt
1/4 Liter Apfelwein
je 6 kleine, frische Leber-, Blut- und Bratwürste nach Belieben
1 kg Schweinebackenfleisch

Die Zwiebeln schälen und kleinschneiden, mit dem Schweineschmalz in einem Topf andünsten. Das Sauerkraut, die Wacholderbeeren und das Lorbeerblatt zugeben, mit dem Apfelwein aufgießen und etwa 20 Minuten garen lassen. Die Würste und das Backenfleisch in einem separaten Topf in Salzwasser garkochen und mit dem Sauerkraut anrichten. Original soll das Backenfleisch schlachtwarm gegessen werden. Dazu ißt man Kartoffelbrei.

„Gut gefrühstückt hält den ganzen Tag, gut geschlacht' es ganze Jahr, awwer gut geheiert, es ganze Leben!“
So lautet eine alte Redewendung bei uns im Odenwald. Sie weist der Hausschlachtung eine ganz besondere Rolle im Jahreslauf zu und gibt zudem einen Hinweis auf die Bedeutung für die Ernährung der Familie. Heute, wo traditionelle Hausschlachtungen selten geworden sind, erscheint der arbeitsintensive Vorgang in der Rückschau fast etwas romantisch-verklärt. Nicht jeder konnte früher in den Wintermonaten das über das Jahr gemästete Schwein schlachten: „Schwein haben“ war daher ein besonderer Glücksfall, wie es das Sprichwort in seiner ursprünglichen Bedeutung auch verheißt. Aus diesem Grund kam dem Schlachttag eine besondere Bedeutung zu, er wurde zum Schlachtfest. Die einzelnen Familienmitglieder waren vielfach mit den aufwendigen Arbeiten und deren Vorbereitungen überfordert, deshalb holte man sich Helfer aus der Nachbarschaft. „Moi liebst Gemüs is Worscht un Flaasch!“ oder „Mer seun die Kadoffel am liebste, wann se de Sau dorsch de Mage gange seun!“, sagt vollmundig der Zeitgenosse, der sich um Vollwertkost nicht schert und der der „Vollfettkost“ nach wie vor huldigt.

Seit 1782
Hopfen & Malz
hochfeiner weißer Bierbrand
holzfaßgereift
e 0,25 l

Rindfleisch gekocht mit Meerrettichsauce

Für 6 Personen

Für das Rindfleisch:
1 kg mageres Rind- oder Ochsenfleisch (am besten von der Brust)
1 geschälte Zwiebel
2 Lorbeerblätter
2 Gewürznelken
5 Pfefferkörner
1 Bund Suppengrün
Salz

Für die Meerrettichsauce:
Brötchen vom Vortag
3/4 Liter Fleischbrühe
40 g Mehl
40 g Butterschmalz
1/8 Liter Sahne
1 kleine Stange Meerrettich
etwas Zitronensaft
Salz
1 Prise Zucker

Tip:
Zu gekochtem Rindfleisch serviert man im Frühjahr vorzugsweise grüne Sauce oder frisches Wirsinggemüse. Im Winter rote Rüben und/oder warme Meerrettichsauce und süßsauer eingelegte Zwetschgen (Rezept S. 140) oder andere süß-saure Essigfrüchte.

Für das Rindfleisch: Das Fleisch mit der Zwiebel, den Lorbeerblättern, Gewürznelken, Pfefferkörnern und dem gewaschenen Suppengrün in kochendes Salzwasser geben. Das Fleisch muß gut bedeckt sein. Aufkochen lassen, abschäumen und bei geringer Hitze leicht kochen lassen. Bei guter Qualität ist das Fleisch nach 2 Stunden weich, ansonsten länger kochen lassen. Danach das Fleisch in Scheiben schneiden und mit der Meerrettichsauce anrichten.
Für die Meerrettichsauce: Das Brötchen kleinschneiden und in etwas warmer Fleischbrühe einweichen. Aus Mehl und Butterschmalz eine Mehlschwitze herstellen. Diese mit der Brühe aufgießen und schnell glatt rühren. Die Sahne zugeben und aufkochen lassen. In der Zwischenzeit den Meerrettich schälen und fein reiben. Diesen dann in die Soße geben und mit Zitronensaft, Salz und Zucker abschmecken. Zum Schluß das Brötchen unter die Soße rühren.

Die Viehzucht im Odenwald geht bis in dessen Besiedelungszeit zurück. Chronist Friedrich Maurer weiß 1914 vom „fast verschwundenen alten Odenwälder schwarz gestreiften wolfsträhnigen Rindviehschlag" zu berichten. Auf der bodenständigen Rasse und der Schweizer Rasse wurde die Odenwälder Viehzucht aufgebaut. Heimatforscher Friedrich Höreth hat 1954 gar folgende Rechnung aufgemacht: Wenn eine Odenwälder Milchkuh eine Jahresleistung von 4200 Liter Milch gibt, so sind das 11,3 Liter pro Tag und 21000 Liter in fünf Jahren. Wenn ein Kind täglich dreiviertel Liter Milch trinkt, dann liefert eine Kuh die Trinkmilch für 15 Kinder fünf Jahre lang. 21000 Liter Milch wiegen 20000 Kilogramm; bei einem Fettgehalt von 4,2 Prozent sind das 800 Kilogramm Butter, also 16 Zentner im Jahr.

Saure Brie

Für 6 Personen

1 Zwiebel
2 Karotten
1 Stück Sellerie
1 Lauchstange
1 Petersilienwurzel
Salz
Pfefferkörner
1 kg Schweinebauch oder
1,2 kg Knochenfleisch
60 g Mehl
Essig nach Belieben

Die Zwiebel schälen und halbieren. Die Karotten putzen und längs halbieren. Den Sellerie schälen und in Stücke schneiden. Den Lauch putzen und ebenfalls in Stücke schneiden. Die Petersilienwurzel schälen und längs halbieren. In einem Topf die Zwiebelhälften trocken anrösten, etwa 1½ Liter Salzwasser aufgießen. Die anderen Gemüse hineingeben und sobald das Wasser kocht, das Fleisch einlegen. Abschäumen, die Pfefferkörner zugeben und bei kleiner Hitze etwa 1 Stunde garziehen lassen. Das Fleisch herausnehmen. Das Mehl ohne Fett in einem zweiten Topf unter ständigem Rühren anrösten, bis es gut gebräunt ist. Dann unter Rühren mit ½ Liter von der Fleischbrühe ablöschen und zum Kochen bringen. Nach Belieben mit Essig und Salz abschmecken. Das Bauchfleisch in Scheiben schneiden – oder wenn Sie Knochenfleisch verwendet haben, dieses ablösen und in Stücke schneiden. Fleisch in die heiße Brühe geben. Dazu schmecken Salzkartoffeln am besten.

„Esse un Drinke hält Leib un Seel zusamme“, sagt auch der Odenwälder. Derb können die Sprüche des Odelwälders sein, kräftig sind auch die, die vom Essen und Trinken handeln. „Liewer aamol satt als zwaamol hungrig. Vorne geriehrt, brennt hinne nix ou. Nix werd sou haaß gesse, wie's gekocht werd.“ „Hat es geschmeckt ?“ erkundigt sich der Wirt, von Tisch zu Tisch gehend. Da meint ein Gast aus der Stadt: „Ich habe schon besser gegessen.“ Der Wirt knurrt zurück: „Awwer net bei uns.“

Zunge mit Kartoffel-Wirsingauflauf

Für 6 Personen

Für die Rinderzunge:
750 g gepökelte Rinderzunge
1 kleine Zwiebel
2 Lorbeerblätter
einige Nelken
1 Karotte
etwas Sellerie
einige Pfefferkörner

Für den Kartoffel-Wirsingauflauf:
400 g Wirsing
Butter zum Andünsten und für die Form
Salz
1 Zwiebel
100 g Dörrfleisch
1 kg Kartoffeln
1–2 Knoblauchzehen
2 Eier
400 ml Sahne
Salz, Pfeffer
Muskat

Für die Rinderzunge: Die Rinderzunge in einem Sud, bestehend aus den restlichen Zutaten und so viel Wasser, daß sie gut bedeckt ist, in etwa 2½ Stunden weich kochen. An der Zungenspitze testen, ob sie gar ist. Die Zunge dann kurz mit kaltem Wasser abschrecken und die Haut abziehen. In Scheiben schneiden und anrichten.
Während die Zunge gart, kann man sich dem Auflauf widmen.
Für den Kartoffel-Wirsingauflauf: Den Wirsing putzen, waschen und grob hacken oder zerschneiden. Die Butter in einem Topf zerlassen und den Wirsing darin dünsten, bis er fast gar, aber noch bißfest ist. Das dauert etwa 10 Minuten, den Wirsing mit Salz abschmecken. Die Zwiebel schälen, kleinschneiden. Das Dörrfleisch würfeln. Etwas Butter in einer Pfanne zerlassen und das Dörrfleisch sowie die Zwiebel darin glasig braten. Die Kartoffeln schälen und in etwa 2 mm dünne Scheiben schneiden. Den Knoblauch schälen und feinhacken.
Die Eier mit der Sahne verquirlen. Eine große Auflaufform ausbuttern, die Hälfte der Kartoffelscheiben hineinschichten, großzügig mit Salz, Pfeffer und Muskat bestreuen. Das Dörrfleisch-Zwiebel-Gemisch und den Knoblauch darauf verteilen. Den Wirsing gleichmäßig daraufschichten und die Sahne-Eier-Mischung darübergießen. Noch einmal kräftig würzen. Im vorgeheizten Backofen bei 180 °C etwa 40 bis 60 Minuten backen. Falls die Oberfläche zu dunkel wird, Alufolie darüberdecken.

An den Schaufenstern oder Ladentüren von mittlerweile vierzig Metzgereien und vier direktvermarktenden Landwirten ist es zu sehen, das Schild mit der Aufschrift „Frische und Qualität aus dem Odenwald – wir verarbeiten Odenwälder Schlachtvieh“.
Das bedeutet, daß der Kunde hier Fleisch kaufen kann, das zum Großteil von heimischem Schlachtvieh stammt. Diese Tiere müssen also nicht den langen Weg zu einem weit entfernten Schlachthof antreten und sind deshalb auch nicht dem enormen Transport- und Schlachtstreß ausgesetzt, was sich nachweislich qualitätsverbessernd auf das Fleisch auswirkt. Der Käufer erhält im Laden auch bereitwillig Auskunft darüber, woher das Fleisch stammt.

Frische Qualität aus dem Odenwald
Wir verarbeiten Odenwälder

Lammkeule auf Wiesenheu mit Spitzbuwe

Für 6 Personen

Für die Lammkeule:
1 Lammkeule von etwa 2 kg
Salz, Pfeffer
50 g Butterschmalz
50 g Kräuter-Knoblauchbutter
2 Handvoll frisches Heu
100 g Zwiebeln
50 g Karotten
50 g Lauch
2 Knoblauchzehen
2 EL Tomatenmark
50 g Kräuterbutter
Thymian
Oregano
Salbei
Pfefferkörner
Nelken
Lorbeerblatt
Piment
300 ml Spätburgunder
60 g Mehlbutter

Für die Spitzbuwe:
750 g Pellkartoffeln
3–4 EL Speisestärke
2 Eier
Salz, Muskat
Mehl

100 g Butter zum Anbraten

Für die Lammkeule: Keule ausbeinen und Haut entfernen. Mit Salz und Pfeffer würzen und in der Hälfte des heißen Butterschmalzes anbraten. Die Kräuter-Knoblauchbutter zugeben und bei reduzierter Hitze noch etwas brutzeln lassen. In einem Bräter das Heu verteilen und die Keule mit dem Bratfett hineingeben. Bei 150 °C im Ofen etwa 2 Stunden braten.

In der Zwischenzeit die Zwiebeln schälen und würfeln, die Karotten und den Lauch putzen, waschen und in Stücke schneiden. Knoblauch abziehen und durchdrücken. Die Knochen klein hacken und mit den Hautabschnitten im restlichen Butterschmalz anbraten. Das Gemüse und den Knoblauch zu den Knochen geben und ebenfalls mit anrösten. Dann das Tomatenmark und die Kräuterbutter zugeben, mit etwas Wasser ablöschen und wieder einkochen lassen. Diesen Vorgang zweimal wiederholen, bis eine schöne braune Farbe entstanden ist. Dann die Kräuter und Gewürze zugeben und mit Rotwein und Wasser auffüllen, so daß die Knochen bedeckt sind. Das soll nun 2 Stunden bei kleinster Hitze kochen. Dann abpassieren und mit der Mehlbutter zur gewünschten Konsistenz abbinden. Mit Salz und Pfeffer abschmecken. Die Lammkeule aus dem Ofen nehmen, etwa 5 Minuten stehen lassen und aufschneiden. Mit der Sauce servieren.

Dazu passen sehr gut grüne Bohnen und Spitzbuwe. Wir machen meistens ein Bohnendreierlei dazu, bestehend aus kleinen Keniabohnen, Schnippelbohnen und weißen Bohnenkernen.

Für die Spitzbuwe: Die geschälten Pellkartoffeln fein reiben und mit den angegebenen Zutaten vermischen. Daraus daumengroße Stücke formen. Auf ein bemehltes Tablett legen, hin und her rollen, bis alles bemehlt ist. Salzwasser zum Kochen bringen und mit einem Spitzbuwe eine Kochprobe machen. Dann in kochendes Salzwasser geben und sobald sie an die Oberfläche steigen, herausnehmen und in kaltem Wasser abschrecken. Auf ein Tuch legen, bis sie trocken sind. In einer Pfanne in Butter anbraten, bis sie goldbraun sind. Die Spitzbuwe schmecken auch sehr gut mit Apfelbrei zu Wildgerichten wie Dippehas und geschmortem Rindfleisch.

Lammroulade im Wirsingblatt

Für 6 Personen

1 Wirsingkopf
2 Brötchen vom Vortag
800 g Lamm-Hackfleisch
1 gehackte Knoblauchzehe
1 kleingeschnittene Zwiebel
1 Ei
etwas Thymian
Estragon
Kerbel
Oregano
Salz
Pfeffer
Öl zum Braten
½ Liter Tomatensauce

Vier große mittelgrüne Blätter vom Wirsing abtrennen, gut waschen und in kochendem Wasser blanchieren. Die Brötchen klein schneiden und in Wasser einweichen. Das Lammhack mit dem Knoblauch, der Zwiebel, dem Ei, den eingeweichten und gut ausgedrückten Brötchen, den gehackten Kräutern und den Gewürzen gut mischen. Wirsingblätter auslegen, die Lammfüllung darauf verteilen und einrollen, eventuell mit einem Faden sichern. Binden Sie nicht mit einem Kunstfaden, er könnte sich durch die Hitze beim Anbraten auflösen. Die Roulade in einem Schmortopf von allen Seiten leicht anbraten, mit der Tomatensauce auffüllen und etwa 20 bis 30 Minuten bei kleiner Hitze garen lassen. Als Beilage schmecken Salzkartoffeln.

Die Schafzucht und Schafhaltung hat in den vergangenen Jahren einen großen Auftrieb erhalten. Im zentralen Odenwald wurde der Schäferverein Odenwaldkreis gegründet, der Kreis Bergstraße gehört dem Starkenburger Schäferverein an. Auch in anderen Teilen des Odenwaldes sind die Schäfer organisiert.
Die Odenwälder Bauern, die heute auch oft wieder Schafzüchter sind, werden von den Städtern zumeist als etwas einfältige Menschen angesehen. In Darmstadt trifft ein Bauer auf einen Bekannten, der im Odenwald alljährlich seinen Urlaub macht. Dieser weiß, daß der Bauer auch Schafzüchter ist. „Na, was machen die Schafe, mein Lieber?“ – „Mäh!“ gibt der Bauer als Antwort zurück.

Lammschulter mit Kräuterfüllung

Für 6 Personen

1 Lammschulter (ausgelöst) von etwa 600–800 g
1 Stengel Rosmarin
1 Stengel Thymian
½ Bund Petersilie
2 Knoblauchzehen
1 Lauchzwiebel
Sonnenblumenöl
200 g Lammfleisch (Abschnitte ohne Sehnen)
Salz, Pfeffer
Butterschmalz
1 Karotte
2 Zwiebeln
2 Knoblauchzehen
¼ Liter trockener Rotwein
½ Liter Lammfond oder Wasser
2 EL Maisstärke
Salz, Pfeffer

Die Lammschulter flach in eine Küchenfolie einschlagen und gleichmäßig plattdrücken, so daß das Fleisch überall 1 bis 2 cm dick ist. Dann die gewaschenen und abgezupften Kräuter zusammen mit einer Knoblauchzehe und der Lauchzwiebel im Mixer pürieren. Dabei so viel Sonnenblumenöl zugeben, bis das Ganze von einer dickflüssigen Konsistenz ist.
Das Lammfleisch durch die feine Scheibe des Fleischwolfes drehen, die Kräutermasse zugeben und mit Salz und Pfeffer würzen. Die Kräuter-Fleisch-Masse gleichmäßig auf der Lammschulter verteilen, dann die Schulter einrollen und mit einem Netz (beim Fleischer für Rollbraten erhältlich) oder mit Fleischnadeln zusammenhalten.
Die restliche Knoblauchzehe fein hacken und die Schulter von außen damit einreiben, salzen und pfeffern. Butterschmalz in einem Bräter erhitzen und die Schulter rundum braun anbraten. Die Karotte und die Zwiebeln putzen und kleinschneiden und zum Fleisch in den Bräter geben, mitrösten. Dann im Ofen zugedeckt bei etwa 190 °C in 1½ bis 2 Stunden fertiggaren. Die Lammschulter herausnehmen und warm halten. Den Rotwein in den Bräter geben und auf etwa ein Drittel reduzieren, dann mit dem Lammfond auffüllen, durchkochen lassen. Die Maisstärke in etwas Wasser glattrühren und die Sauce damit andicken. Mit Salz und Pfeffer abschmecken und durch ein Sieb passieren.
Die Lammkeule aufschneiden, auf Teller anrichten und mit Sauce überziehen. Als Beilage empfehlen sich Rahmkartoffeln und Schnippelbohnen.

Der im Odenwald abgehaltene Schäfertag auf dem Wiesenmarktgelände in Erbach ist noch eine junge Tradition, wird aber von der Bevölkerung sehr gut aufgenommen. Dieses Schaufenster der Odenwälder Schafzucht bietet Tierschauen, Vorführungen mit Border Collies und Schafen, Schauscheren, Demonstrationen im Spinnen und Weben, Woll- und Fellprodukte sowie Fleisch- und Wurstspezialitäten.

ERBACHER
ERBACHER

Frischlingskeule auf Apfelweinsauce

Für 6 Personen

Für die Apfelweinsauce:
500 g Wildknochen
Fett zum Anbraten
1 Zwiebel
2 Karotten
½ Sellerie
½ Stange Lauch
2 Nelken
2 Lorbeerblätter
2 EL Tomatenmark
400 ml Apfelwein
Salz, Pfeffer, Zucker
Speisestärke nach Belieben

Für die Keule:
1 ausgelöste Frischlingskeule von etwa 1,5 kg (Knochen für die Sauce verwenden)
Salz, Pfeffer
100 g Fett zum Anbraten
1 TL gehackter Rosmarin
2 Äpfel
50 g Butter
Zucker
4 EL Apfelwein

Für die Apfelweinsauce: Die Wildknochen kleinhacken und in etwas Fett kräftig anbraten, die geputzten und kleingeschnittenen Gemüse und die Gewürze zugeben und mitrösten. Tomatenmark zugeben, 2 Minuten mitdünsten lassen und mit dem Apfelwein ablöschen. Die Sauce einkochen lassen und mit 400 ml Wasser auffüllen. Die Sauce etwa ½ Stunde kochen lassen und durchpassieren. Mit Salz, Pfeffer und Zucker abschmecken und mit in Wasser glattgerührter Stärke, falls nötig, etwas binden.
Für die Keule: Die Frischlingskeule mit Salz und Pfeffer würzen und in heißem Fett von beiden Seiten in einem Bräter anbraten. Etwa 20 Minuten im vorgeheizten Ofen bei 200 °C weitergaren, mit dem Rosmarin bestreuen und in weiteren 10 Minuten fertiggaren. Die Äpfel schälen, Kerngehäuse entfernen und achteln, mit Butter, Zucker und dem Apfelwein in einer Pfanne kurz erhitzen. Dabei soll der Apfelwein verkochen und die Apfelspaltesomit glasiert werden.
Die Frischlingskeule in Scheiben schneiden, die Sauce auf dem Teller anrichten, mit den Fleischscheiben belegen und die glasierten Äpfel hinzugeben. Dazu passen sehr gut gebratene Petersilienwurzeln und hausgemachte Spätzle.

Die Jäger im Odenwald haben heute keine Probleme mehr mit den Wild- und Freischützen, jenen Freibeutern des Waldes, die hier auch die „Schwarzen Schützen" genannt wurden, weil sie ihr Gesicht mit Ruß zu schwärzen pflegten. Ärger machen den Jägern heute eher die aus Nordamerika eingewanderte Bisamratte und der Waschbär. Die Bisamratte stellt Muscheln, Fischen und Wasservögeln nach, der Waschbär vergreift sich an Feldfrüchten, fängt Fische, Krebse und Tauben und beraubt auch noch Vogelnester.

D 5434 A

Dippehas

Für 6 Personen

1 Wildhase
500 g Schweinenacken
200 g Zwiebel
50 g Dörrfleisch
50 g Butterschmalz
Salz
Pfeffer
4 Nelken
1 Lorbeerblatt
10 Wacholderbeeren
100 g geriebenes Schwarzbrot
¾ Liter Rotwein

Für den Brotteig:
200 g Mehl
1 EL Öl
Wasser

Der Hase wird mit den Knochen in grobe Stücke zerteilt. Diese Stücke sollten gleichmäßig groß und etwa 50 g schwer sein. Der Schweinenacken wird in kleinere Würfel geschnitten. Die Zwiebeln schälen und in Streifen schneiden. Das Dörrfleisch in Streifen schneiden und mit dem Butterschmalz in einem Topf anbraten. Den Topf vom Herd nehmen. Nun wird der Topf lagenweise gefüllt. Zuerst eine Lage Hase. Dann Zwiebelstreifen und Schweinefleisch. Dann wieder Hasenfleisch. So wird alles nach und nach eingeschichtet. Das Fleisch wird jeweils mit Salz und Pfeffer gewürzt. Die letzte Lage sollte Hase sein. Darauf kommen Nelken, Lorbeerblatt und Wacholderbeeren. Das geriebene Schwarzbrot wird darüber gestreut und mit dem Rotwein übergossen. Nach alter Odenwälder Sitte wird nun der Topfrand mit einem Strang Brotteig belegt. Dafür die Zutaten verkneten, zu einem Strang rollen und zwischen Topfrand und Deckel legen, Deckel daraufdrücken. So kommt der Topf für 1½ Stunden in den vorgeheizten Ofen bei 180 °C. Der Brotteig bäckt mit und verhindert, daß Luft austreten kann. Das ganze Aroma soll im Topf bleiben. Der Topf wird dann am Tisch geöffnet. Für die besonderen Liebhaber des Dippehas wird zusätzlich mit dem Rotwein Blut mit zugegeben. Die Odenwälder essen dazu Rotkraut und Balleklöß' oder Weckklöß'.

„Das mer gut uffs Rotkraut uff", trug die Frau ihrem Manne auf, der zuhause auf die Kinder und auf zwei Töpfe kochenden Inhalts aufpassen sollte. Während der eine Topf still vor sich hinbrutzelte, war der zweite ständig am Überkochen. Auftragsgemäß rührte der Hausmann darin herum, auf daß nichts anbrannte. Als dann die Hausfrau zur Wachablösung an den Küchenherd kam, war das aufgestellte Rotkraut verbrutzelt und angebrannt, während der ausgekochte blaue Arbeitskittel eher einem weißen Arztkittel glich.

Gefüllte Rehschulter mit Balleklöss'

Für 6 Personen:

Für die Rehschulter:
1 Rehschulter mit Knochen von etwa 1,2 kg
200 g Rehfleisch für die Farce
1 Brötchen
20 ml Weinbrand
Salz, Pfeffer, Wacholderbeeren
100 g Karotten
50 g Petersilienwurzel
50 g Lauch
150 g Zwiebeln
½ Liter Rotwein
etwas Mehl zum Abbinden
100 ml Sahne
400 g Pfifferlinge
60 g feine Speckwürfel
60 g feingeschnittene Zwiebel

Für die Balleklöß':
1 kg gekochte Kartoffeln
200 g Mehl
50 g Grieß
2 Eier
Salz
Muskat
geröstete Weißbrotwürfel

Für die Rehschulter: Die Rehschulter ausbeinen und die Sehnen entfernen. Die Knochen kleinhacken und mit den Sehnen in einem Bräter anbraten. Darauf wird später die gefüllte Rehschulter gelegt.
Das Rehfleisch im Mixer fein hacken. Das Brötchen in Wasser fein einweichen, ausdrücken und dazu geben. Mit Weinbrand, Salz, Pfeffer und zerdrückten Wacholderbeeren würzen und nochmals gut durchmixen. Die Rehschulter ausbreiten und mit der Farce füllen. Dann zusammenrollen und mit einer Küchenschnur zusafmmenbinden. Mit Salz und Pfeffer würzen.
Karotten, Petersilienwurzel und Lauch waschen, putzen und in Würfel schneiden. Die Zwiebel schälen und ebenfalls in Würfel schneiden. Das Gemüse zu den angebratenen Knochen geben und darauf die Rehschulter legen. Bei 220 °C in den vorgeheizten Backofen schieben. Nach 30 Minuten mit dem Rotwein angießen. Je nach Alter des Tieres sollte die Rehschulter nach insgesamt 60 bis 80 Minuten gut sein. Die Schulter herausnehmen und warm stellen. Den Fond durch ein feines Sieb in einen Topf passieren und mit in Rotwein angerührtem Mehl etwas abbinden. Die Sahne zugeben und gut durchkochen lassen. Danach abschmecken. Die Pfifferlinge putzen, waschen und mit feinen Speck- und Zwiebelwürfel anschwitzen. Mit Salz und Pfeffer würzen.
Die Rehschulter in Scheiben schneiden und anrichten. Die Pfifferlinge darüber geben und mit der Soße nappieren.
Für die Balleklöß': Die Kartoffeln – sie sollten nach Möglichkeit 2 Tage im Kühlschrank geruht haben – durch die Kartoffelpresse drücken. Das Mehl, den Grieß, die Eier, Salz und Muskat hinzugeben und zu einer Masse verarbeiten. Nun mit den Händen Klöße formen und in die Mitte einen gerösteten Brotwürfel geben. Die Klöße in kochendem Salzwasser garen, bis sie an der Oberfläche schwimmen. Dann herausnehmen und abtropfen lassen.

Jagd und Fischerei waren Regal des Landesherren. Wer wilderte, wurde früher schwer bestraft, doch es war trotzdem gang und gäbe, des nachts einen schönen Braten als Abwechslung für die ärmliche Kost aus Kartoffeln und Körnern zu erwildern.

Gefülltes Hirschkotelett

Für 6 Personen

Für die Hirschkoteletts:
6 Koteletts vom Hirsch
120 g geputzte Pilze je nach Jahreszeit
1 feingeschnittene Schalotte
20 g Butter
200 g Farce oder feines Hackfleisch
2 EL gehackte gemischte Kräuter
Salz, Pfeffer
Fett zum Braten

Für die Sauce:
1 Zweig Thymian
1 kleine, feingeschnittene Zwiebel
20 g Butter
100 ml Rotwein
300 ml Wildfond
Salz, Pfeffer

Für die Kartoffeldaatsche:
600 g Kartoffeln
60 g Dörrfleischwürfel
60 g Zwiebelwürfel
2 Eigelb
2 EL Kartoffelstärke
2 EL feingehackte Petersilie
Salz, Muskat
Mehl zum Formen
Butterschmalz zum Anbraten

Tip:
Für die Farce 150 g Kalb- und Hirschfleisch im Mixer fein hacken, salzen und pfeffern, 50 ml Sahne unterrühren.

Für die Hirschkoteletts: In die Koteletts Taschen schneiden. Die Pilze grob hacken und mit der Schalotte in der Butter andünsten. Die Pilze abkühlen lassen und dann mit der Farce oder dem Hackfleisch und den Kräutern vermischen. Mit Salz und Pfeffer abschmecken und in die Hirschkoteletts füllen. Mit einem Spieß die Koteletts verschließen. Beidseitig mit Salz und Pfeffer würzen und in heißem Fett gut anbraten. Im vorgeheizten Ofen bei 200 °C noch etwa 10 Minuten braten.
Für die Sauce: Abgezupfte Thymianblättchen mit der Zwiebel in der Butter andünsten. Mit Rotwein ablöschen und etwas einkochen lassen. Dann mit dem Wildfond aufgießen. Nochmals etwas einkochen lassen und mit Salz und Pfeffer abschmecken.
Zu den Hirschkoteletts kann man als Beilage Preiselbeeren, Spitzbuwe, gebratene Weckklöße oder Kartoffeldaatsche servieren. Als Gemüse passen Rosenkohl, Schwarzwurzeln, Karöttchen oder andere herbstliche Gemüse.
Für die Kartoffeldaatsche: Die Kartoffeln schälen, weich kochen, abgießen und gut abdampfen lassen. Dann durch eine Kartoffelpresse drücken. Die Dörrfleischwürfel in einer Pfanne etwas auslassen, die Zwiebelwürfel zugeben und gut anschwitzen. Diese Masse dann zu den Kartoffeln geben. Eigelbe, Stärke und Petersilie zugeben und gut vermischen. Mit Salz und Muskat würzen. Aus dieser Masse Daatsche formen. Dafür gibt man einen Eßlöffel Kartoffelmasse auf eine bemehlte Hand, formt erst eine Kugel und drückt diese mit der anderen Hand flach („daatsche" bedeutet „drücken"). Dann die Daatsche in Mehl wenden und in heißem Butterschmalz auf beiden Seiten anbraten.

Der Odenwald war schon immer Jagdrevier der Mächtigen und Reichen. Könige, Äbte und Grafen, Pfalzgrafen und Kurfürsten, allen voran der sprichwörtliche „Jäger aus Kurpfalz" jagten schon in den hiesigen Wäldern. Heute sind die Reviere an den Geldadel verpachtet, nur noch wenige Fürsten, Grafen und Freiherren führen Jagden in Eigenregie. Eine Hirschbrunst im Herbst in den bunten Wäldern des Odenwaldes ist ein unvergeßliches Erlebnis.

Ebbelwoi-Hinkelsche

Reife Äpfel geben den Stoff für das Odenwälder Nationalgetränk, mit dem auch gekocht werden kann.

Für 6 Personen

1 frisches Hähnchen von etwa 1,8 kg
Salz, Pfeffer
Butter
100 g gewürfeltes Dörrfleisch
2 Zwiebeln
2 Äpfel
200 g Zucchini
40 ml Odenwälder Apfelschnaps
1/4 Liter Odenwälder Apfelwein
etwas Mehlbutter
100 ml Sahne

Das Hähnchen aus den Knochen lösen, mit Salz und Pfeffer würzen und in große Stücke zerteilen. In Butter von allen Seiten braun anbraten. Die Hähnchenteile herausnehmen. Dann das Dörrfleisch anbraten. Die Zwiebeln und die Äpfel schälen und in Würfel schneiden, die Zucchini ebenfalls schälen. Zwiebeln, Äpfel und Zucchini zum Dörrfleisch geben und mit andünsten. Die Hähnchenteile wieder zugeben, mit Apfelschnaps übergießen, flambieren und mit dem Apfelwein ablöschen. Das Ganze im vorgeheizten Ofen bei 150 °C etwa 20 Minuten zugedeckt garen. Die Hähnchenteile herausnehmen und warm stellen. Die Sauce mit der Mehlbutter binden, die Sahne zugeben und mit Salz und Pfeffer abschmecken. Dazu passen sehr gut Spitzbuwe, Wasserspatzen oder Nudeln sowie frische Salate nach Saison aus dem Garten.

Das „Ebbelwoi-Hinkelsche" ist die Odenwälder Variante des berühmten französischen Gerichtes „Coq au vin", das man je nach Region mit unterschiedlichen Weiß- und Rotweinsorten zubereitet. Für die Odenwälder kommt dafür natürlich nur ihr Nationalgetränk, der Ebbelwoi, in Frage, zumal er mit seiner ausgewogenen Säure dem Hähnchen wirklich gut bekommt.

Kartoffelgerichte und Beilagen

Zweierlei gebackene Kartoffeln

BACKESKARTOFFELN
1 kg gleichmäßig große Kartoffeln
100 g Butter
100–200 g Schinkenwürfel

ODENWÄLDER KARTOFFELPFANNE
Für 1 Person
4 große gekochte Kartoffeln
1 kleine Zwiebel
1 EL Schweineschmalz
80 g Schwartenmagen
80 g Leberwurst
80 g Blutwurst
1 Ei
Salz, Pfeffer

BACKESKARTOFFELN (unten)
Die rohen Kartoffeln schälen und halbieren, mit der Schnittfläche nach oben auf ein gefettetes Backblech setzen. Die Schnittflächen mit Butterstückchen und den Schinkenwürfeln belegen und in den Backofen schieben. Im vorgeheizten Backofen bei 200 °C etwa 30 Minuten backen. Dazu gibt es grünen Salat.

ODENWÄLDER KARTOFFELPFANNE (oben)
Die Kartoffeln schälen und in Scheiben schneiden. Die Zwiebel pellen und fein hacken. Das Schweineschmalz in einer schmiedeeisernen Pfanne erhitzen, die Zwiebel darin glasig dünsten, Kartoffeln dazugeben und kräftig anbraten. Schwartenmagen, Leber- und Blutwurst in Scheiben geschnitten dazugeben und kräftig weiterbraten. Das Ei in einer Tasse verquirlen, darübergießen und stocken lassen. Mit Salz und Pfeffer würzen. In der Pfanne auf einem Holzbrett servieren.

Der Kartoffelanbau hat heute in der heimischen Landwirtschaft nur noch einen untergeordneten Stellenwert. Topographische und klimatische Vorteile anderer Landstriche sowie die Bestimmungen der EG machen es den Landwirten hier bei uns immer schwerer, konkurrenzfähig zu bleiben. „Ourewäller Blooe", eine bläulich gefärbte Kartoffelsorte, sowie die vielen alten Odenwälder Kartoffelgerichte waren früher ein Begriff. Wir können durch die Erhaltung alter Rezepturen sowie Sitten und Gebräuchn aber die Weichen stellen, daß die Odenwälder Kartoffeltradition bewahrt und für die kommenden Generationen erhalten bleibt.

Odenwälder Backhauskartoffeln

1,5 kg große Kartoffeln
2 große Zwiebeln
2 Stangen Lauch
100 g durchwachsener Speck
eventuell etwas Salz
Pfeffer
Paprika
2 Lorbeerblätter
200 g saure Sahne
1,5 kg Eisbein in 4 Scheiben etwa 6 cm dick geschnitten und leicht gepökelt
1 Liter Weißwein oder Apfelwein

Kartoffeln schälen und zweimal längs durchschneiden, die Hälfte davon in eine feuerfeste Form oder einen Bräter legen. Zwiebeln und Lauch putzen und in Ringe schneiden, Speck würfeln, die Hälfte von den Zwiebeln, dem Lauch und dem Speck über die Kartoffeln verteilen. Mit Salz, Pfeffer und Paprika würzen, ein Lorbeerblatt hineinstecken und etwas saure Sahne darübergießen. (Wenn die Sahne nicht gerinnen soll, vorher mit Mehl verrühren.) Eisbeinscheiben darauflegen, die restlichen Zwiebel- und Lauchringe darauf verteilen. Den Abschluß bilden Speckwürfel und Sahne. Nochmals würzen und den Wein dazugießen. Im Backofen bei 220 °C etwa 2 Stunden schmoren lassen. Die letzte halbe Stunde den Deckel abnehmen und die obere Schicht bräunen lassen.

Aus dem Gedanken, Bräuche und Lebensgewohnheiten aus längst vergangenen Zeiten nicht nur zu erhalten, sondern wieder zu beleben, wuchs die Idee, der Kartoffel wieder neue Bedeutung zu verschaffen. Zusammen mit dem Hotel- und Gaststättenverband Odenwaldkreis e.V. fand 1991 die erste „Odenwälder Kartoffelwoche“ statt, in der neben kulinarischen Genüssen auch Kulturelles geboten wird. Neben vielen alten und neuen Kartoffelgerichten in vielen Gasthöfen und Restaurants gibt es Theater, Historisches und Spielerisches zur unansehnlichen braunen Knolle, die doch so gut schmeckt und auch noch gesund ist. Wer sich von der Vielfalt der Kartoffel überzeugen lassen möchte, sollte die jährlich stattfindenden Odenwälder Kartoffelwochen besuchen.

Eine echte
ODENWALD
Spezialität
UHRIG
40 % vol
Kartoffel
Schnaps
0,5 L TOPINAMBUR
UHRIG
ODENWALD

Himmel und Erde

Für den Apfelbrei:
1 kg Äpfel
100 g Zucker
nach Belieben:
½ unbehandelte Zitrone
Zimtpulver

Für den Kartoffelbrei:
1 kg Kartoffeln
¼ Liter Milch
50 g Butter
Salz
Muskat
2 Zwiebeln
etwas Bratfett oder
Schweineschmalz

800 g schmale geräucherte
Blutwurst

Für den Apfelbrei: Die Äpfel waschen, das Kerngehäuse entfernen und mit der Schale kleinschneiden. Den Zucker in ⅛ Liter Wasser zum Kochen bringen und die Äpfel darin in etwa 10 Minuten weichkochen. Durch ein Sieb streichen und mit der feingeriebenen Zitronenschale oder dem Zimt würzen. Kalt werden lassen.
Für den Kartoffelbrei: Die Kartoffeln gar kochen und schälen. Die Milch mit Butter und Salz erhitzen, die Kartoffeln durch eine Presse hineindrücken, dabei immer wieder mit dem Schneebesen glattrühren. Mit Salz und Muskat abschmecken. Danach warm stellen.
Die Zwiebeln schälen und in Ringe schneiden, in dem erhitzten Fett anbraten. Die Blutwurst in Scheiben schneiden und ebenfalls auf beiden Seiten anbraten. Wurst mit Apfel- und Kartoffelbrei, der mit den Zwiebeln gekrönt wird, anrichten und servieren.

Das traditionelle Gericht aus Äpfeln, die in den Himmel wachsen, und Kartoffeln, die aus der Erde kommen, ist in vielen Gegenden zu finden. Im Odenwald werden die beiden Hauptbestandteile allerdings püriert, was sonst nicht so üblich ist. Wer in früheren Zeiten eine geräucherte Blutwurst dazu servieren konnte, mußte froh sein, denn nicht immer gab es eine fleischliche Beilage zu diesem Gericht, dessen Name auch eher asketischen Verzicht vermuten läßt; vielleicht heißt es mit Blutwurst serviert deshalb auch in manchen Gegenden „Himmel, Erde und Hölle“.

Schlappegemüs' und Kartoffelgemüs'

SCHLAPPEGEMÜS'
1 kg Weißkraut
40 g Butter oder Schweineschmalz
40 g Mehl
1/4 Liter Gemüsebrühe
Salz
Zucker
Pfeffer
Nelken
Kümmel nach Belieben

KARTOFFELGEMÜS'
600 g in der Schale gekochte Kartoffeln
2 EL Zwiebelwürfel
50 g Butter
40 g Mehl
600 ml Fleischbrühe oder Milch
Salz, Pfeffer, Muskat
2 EL Fond von Gewürzgurken
1 EL gehackte Petersilie

SCHLAPPEGEMÜS' (oben)
Vom Weißkraut den Strunk entfernen. Das Kraut grob schneiden, in etwa 20 Minuten in Salzwasser garen, auf einem Sieb abtropfen lassen. Die Butter oder das Schweineschmalz erhitzen und das Mehl darin anschwitzen, mit der Gemüsebrühe auffüllen, würzig abschmecken. Das gegarte Weißkraut in die Brühe geben, durchkochen lassen und servieren. Dazu ißt man Salzkartoffeln und Blut- oder Leberwurst – oder beides.

Kartoffeln waren früher das Grundnahrungsmittel und der Einfallsreichtum, der oft aus der Not geboren wurde, hinterließ ein riesiges Repertoire an einfachen, aber abwechslungsreichen Gerichten.

KARTOFFELGEMÜS' (unten)
Die Kartoffeln schälen und in Scheiben oder Würfel schneiden. Zwiebelwürfel in Butter andünsten, mit Mehl bestäuben und glattrühren. Mit der Fleischbrühe oder der Milch aufgießen und unter öfterem Umrühren aufkochen. Die Kartoffeln in die Sauce geben. Darin heiß werden lassen. Mit Salz, Pfeffer, Muskat und Gurkenfond abschmecken und mit der Petersilie vervollständigen.
Dazu ißt man grobe Odenwälder Bratwurst mit Gewürzgurken und Senf oder Rühreier mit Blut- und Leberwurst. Die Eier dürfen schon gut gebraten sein.

Beerfelder
FELSEN
Pils
Premium

Kartoffelpfannkuchen und Speckpfannkuchen

KARTOFFEL-
PFANNKUCHEN
Für 4–6 Personen
1,5 kg Kartoffeln
mindestens 3 Eier
1 Tasse Mehl oder
Haferflocken
1 Zwiebel
1 Stück feingeschnittener
Lauch
1 Prise Muskat
1 Tasse Milch
100–150 g Bratfett

SPECKPFANNKUCHEN
Für 2 Personen
4 Eier
250 g Mehl
½ Liter Milch
1 Prise Salz
100 g Weißes vom Lauch
2 Tomaten
200 g Dörrfleisch
Fett zum Braten
Pfeffer
Butter zum Ausbacken
Petersilie

KARTOFFELPFANNKUCHEN (unten)
Die Kartoffeln schälen, reiben und das Wasser abgießen. Eier, Haferflocken, die feingeriebene Zwiebel, den Lauch und nach Geschmack eine Prise Muskat zugeben. Dazu eine Tasse Milch (hellt die Pfannkuchen auf) rühren. Die Masse zu einem glatten Teig verarbeiten. ¼ Stunde ruhen lassen. Verwendet man Mehl anstatt Haferflocken, gibt man es erst jetzt dazu. In heißem Fett kleine Pfannkuchen von etwa 9 cm Durchmesser backen. Heiß servieren. Dazu schmeckt Apfelbrei, Zwetschgenkompott oder Preiselbeeren und heißer Kaffee. In einigen Orten wird frische Leberwurst auf die Pfannkuchen gestrichen.

SPECKPFANNKUCHEN (oben)
Eier, Mehl, Milch und Salz verrühren, bis ein glatter Pfannkuchenteig entsteht. Mindestens ½ Stunde ruhen lassen. In der Zwischenzeit den Lauch und die Tomaten kleinschneiden. Das Dörrfleisch würfeln. Das Dörrfleisch in einer Pfanne in etwas Fett glasig braten, Lauch und Tomaten dazugeben und weichdünsten. Pfeffern und vom Feuer nehmen. In einer Pfanne Butter erhitzen, ein Viertel der Füllung hineingeben und ein Viertel des Teiges darübergießen. Eierkuchen auf der Unterseite fest werden lassen. In den auf 220 °C vorgeheizten Backofen stellen, den Pfannkuchen nach 3 Minuten umdrehen und weitere 3 Minuten backen. Mit dem Rest des Teiges ebenso verfahren. Mit Petersilie garnieren und heiß servieren.

Schnitz und Schnitz

Das Trocknen von Obst war früher eine beliebte und sparsame Möglichkeit, um auch im Winter die Früchte des Spätsommers und des Herbstes genießen zu können. Denn damals gab es weder Kühlhäuser noch die Transportwege, auf denen wir uns heute die Früchte aus aller Welt während des ganzen Jahres besorgen können. Zu Großmutters Zeiten hat man nach dem Brotbacken die Äpfel, Birnen oder Zwetschgen im noch heißen Backofen gedörrt. Auf sogenannten hölzernen Horden wurden die Zwetschgen aufrecht dicht nebeneinander gesetzt, sorgfältig mit dem Stil nach oben, damit beim Erhitzen kein Saft auslief. Äpfel und Birnen wurden in Schnitze geschnitten und auf die gleiche Art und Weise der Hitze ausgesetzt, um sie für die kalte Jahreszeit lange haltbar zu machen.

Für 6 Personen

500 g Dörrobst oder Hutzeln (getrocknete Birnen)
1 Liter Fleischbrühe
500 g Kartoffeln
350 g Dörrfleisch
Salz, Pfeffer

Dörrobst über Nacht in 1 Liter Wasser einweichen, am nächsten Tag zusammen mit dem Dörrfleisch in 1 Liter Fleischbrühe kalt aufsetzen und garen, das dauert etwa 1 Stunde. Eine halbe Stunde vor Beendigung der Garzeit die geschälten und in Stücke (Schnitze) geschnittenen Kartoffeln dazugeben, falls nötig noch Fleischbrühe zugeben, daß alles gerade bedeckt ist und zusammen noch 30 Minuten köcheln lassen. Mit Salz und Pfeffer abschmecken.

Semmede
Ausgeschöpfte

SEMMEDE
200 g Heidekornmehl
(Buchweizenmehl)
200 ml Wasser
Salz

AUSGESCHÖPFTE
Für 3–4 Personen
500 g mehlig kochende
Kartoffeln
100 g fetter Speck
1 Zwiebel
etwa 1/8 Liter Milch
Salz, Pfeffer
2 EL Fett oder Schweine-
schmalz

SEMMEDE (oben)
Das Heidekornmehl in das leicht gesalzene kochende Wasser einrühren. Das Mehl nimmt die Flüssigkeit vollkommen auf. Beim Rühren, am besten mit einer Gabel, entstehen größere und kleinere Krümel. Größere Hitze muß wegen der Anbrenngefahr vermieden werden.
Die Mehlspeise wird mit Buttermilch, Dickmilch oder Obst gegessen.

Der Name dieser früher alltäglichen Speise ist nur den älteren Leuten noch bekannt. Wenige wissen, wie sie zubereitet wird. In einer Familie in Gersprenz werden noch Semmede gegessen. Das Wort kommt vom mittelhochdeutschen „samet“ und bedeutet beisammen, zusammen, zugleich.
Neben dem Roggen diente der Buchweizen zur Herstellung von Grieß und Mehl für Getreidemus, Breie und Fladen. Allerdings ist der Buchweizen gar kein Getreide, sondern ein Knöterichgewächs, was die Odenwälder aber nicht daran hinderte, es „Harekorn“, also Heidekorn, zu nennen.

AUSGESCHÖPFTE (unten)
Die Kartoffeln schälen, in Stücke schneiden und in Salzwasser garkochen. In der Zwischenzeit den Speck fein würfeln. Die Zwiebel schälen und fein hacken. Sobald die Kartoffeln gar sind, abgießen und durch die Kartoffelpresse drücken. Die Milch erhitzen und so viel unter die Kartoffelmasse rühren, daß ein fester Brei entsteht. Mit Salz und Pfeffer würzen. Das Fett erhitzen und die Speckwürfel darin zu Grieben auslassen. Die Zwiebeln darin anbraten. Eine Suppenkelle oder einen Löffel durch das Fett ziehen und vom Kartoffelbrei Klöße abstechen. Diese in einer Schüssel anrichten und zum Schluß Griebenfett über die Klöße geben. Dazu ißt man eingeweichtes Dörrobst.

Quetscheklöss Gänsstebbel

QUETSCHEKLÖSS
1 kg gekochte Kartoffeln
200 g Mehl
50 g Grieß
1 Ei
Salz
Muskat
etwa 12 Zwetschgen

GÄNSSTEBBEL
etwa 250 g Mehl
1 Würfel Hefe
etwa 1/4 Liter Milch
1 Prise Zucker
1 Ei
etwas Salz
Fett zum Anbraten

QUETSCHEKLÖSS (oben)
Die gekochten Kartoffeln – sie sollten nach Möglichkeit 2 Tage im Kühlschrank geruht haben – durch die Kartoffelpresse drücken. Zu den Kartoffeln nun das Mehl, den Grieß, das Ei, Salz und Muskat hinzugeben und zu einer Masse verarbeiten. Die Zwetschgen durch einen Schnitt so weit öffnen, daß man den Stein einfach entfernen kann, danach mit Kartoffelteig ummanteln, zu einem Knödel formen und in Salzwasser kochen, bis sie an der Oberfläche schwimmen.
Dazu ißt man Schweinebraten mit Rotkraut.

Andernorts heißen sie Zwetschgenklöße und sind da wie dort eine ganz besondere Beilage zu deftigen Fleischgerichten. Der süß-säuerliche Geschmack der Zwetschgen ergibt in Verbindung mit Fleisch ein nicht alltägliches Erlebnis für Zunge und Gaumen.

GÄNSSTEBBEL (unten)
Das Mehl in eine Schüssel sieben und eine Mulde in das Mehl drücken. Die Hefe hineinbröckeln und mit etwas lauwarmer Milch und dem Zucker zu einem Vorteig verrühren. Sobald der Vorteig Blasen wirft, die restlichen Zutaten zum Vorteig geben (außer dem Fett) und zu einem glatten Teig verarbeiten. Zugedeckt noch einmal gehen lassen, bis sich der Teig etwa verdoppelt hat. Teig ausrollen und in fingerdicke Streifen teilen, die dann in fingerlange Stücke geschnitten werden. Die Gänsstebbel etwas mit der Hand rollen und in Fett rundum goldbraun braten. Man kann sie statt dessen auch in Salzwasser kochen.

ERBACHER

Hefeklösse und Schöpfküchelchen

HEFEKLÖSSE
375 g Mehl
20 g Hefe
1 TL Zucker
etwa 1/8 Liter Milch
1 Ei
Salz
50 g zerlassene Margarine oder Butter
Zum Schmälzen:
50 g Butter

SCHÖPFKÜCHELCHEN
25 g Hefe
1/2 Liter Milch
50 g Zucker
250 g Mehl
1 Prise Salz
1–2 Eier
Fett zum Ausbacken

HEFEKLÖSSE (oben)
Das Mehl in eine Schüssel sieben und in die Mitte eine Mulde drücken. Die Hefe hineinbröckeln. Den Zucker in wenig lauwarmer Milch auflösen, zu der Hefe geben und zu einem kleinen Vorteig glattrühren. Gehen lassen, bis er Blasen wirft. Dann Ei, Salz und Margarine hinzugeben, alles zu einem glatten Teig verarbeiten. Etwa 1 Stunde zugedeckt an einem warmen Ort gehen lassen, den Teig dann gut durchkneten. Mit den Händen etwa 10 Klöße formen. Diese noch einmal gehen lassen, bis sie doppelt so groß sind. Sie werden entweder in kochendem Wasser gegart, bis sie an die Oberfläche steigen, oder über heißem Wasserdampf. Zum Dämpfen einen Topf mit kochendem Wasser mit einem bemehlten Tuch bespannen, darauf die Klöße legen, daß sie sich nicht berühren. Einen Deckel oder eine passende Schüssel darüberstülpen. Nach etwa 15 bis 20 Minuten sind die Klöße gar. Zum Servieren werden sie mit zwei Gabeln auseinandergerissen und mit gebräunter Butter übergossen. Hefeklöße ißt man als Beilage zu deftigen Fleischgerichten oder zu Kompott.

SCHÖPFKÜCHELCHEN (unten)
Das Hefestück mit etwas lauwarmer Milch und einer Prise Zucker glattrühren. Stehen lassen, bis dieser Vorteig Blasen wirft. Die anderen Zutaten untermischen, den Teig so lange schlagen, bis er Blasen wirft, nochmals etwa 1/2 Stunde zugedeckt gehen lassen. Nach und nach kleine Pfannkuchen aus jeweils 1 Eßlöffel Teigmasse in einer Pfanne ausbacken. Dazu schmeckt Obst je nach Saison.

Im Juli ist im Odenwald „Heidelbeerzeit". Früher zog dann die ganze Familie mit Kind und Kegel, mit Kannen, Eimern und Körben ausgerüstet, in die Wälder. Das „Blockgeschirr" hing in einem Riemen, mitunter auch nur in einer Kordel, um die Hüfte. Laut ging es auf dem Weg in den Wald zu, denn man hatte sich allerhand zu erzählen. Gegen den Hunger wurde für jeden ein „Keil" Brot (dicke Schnitte Brot oder ein Endstück) und eine Flasche Kaffee gegen den Durst eingepackt. Gegen Abend zogen alle wieder ins Dorf zurück. Nicht jeder hatte sein Geschirr voll, denn schon immer gab es gute und schlechte „Heidelbeerrobber" (Pflücker).

Süsse Speisen, Desserts und Kuchen

Kirschenmichel

Das Essen von nicht entsteinten Kirschen ist sicher nicht ganz ungefährlich, und die Gäste sollten vorsichtshalber immer darauf hingewiesen werden. Es hat auch nichts mit Faulheit zu tun. Geschmacklich verhelfen die Steine im Ofen gebacken diesem Auflauf auf die Sprünge: Er wird dadurch aromatischer und viel saftiger.

Für 4–6 Personen

6 altbackene Brötchen (oder Weißbrot)
1/4 Liter Milch
3 Eigelb
3 EL Zucker
etwas Zimt
2 EL Weckmehl
3 EL geriebene Mandeln
etwa 1 kg Kirschen (nicht entsteint)
3 Eiweiß

Für die Form:
Butter
Zucker
Weckmehl

Die Brötchen in Scheiben schneiden und in der heißen Milch aufquellen lassen. Nach dem Abkühlen Eigelbe, Zucker, Zimt, Weckmehl und Mandeln zu den Brötchen geben und gut vermischen. Die Kirschen hinzufügen. Das Eiweiß steifschlagen und Eischnee unterziehen. In eine gefettete, mit Weckmehl bestreute Auflaufform geben. Nach Belieben mit Zucker und Weckmehl bestreuen. Butterflöckchen daraufsetzen. Im vorgeheizten Backofen bei 180 °C langsam etwa 3/4 bis 1 Stunde backen.

Birnen in Umstädter Weingelee

Für das Weingelee:
4 reife Birnen
½ Liter Umstädter Gewürztraminer
80 g Zucker
7 Blatt Gelatine

Für das Eis:
200 g Holunderbeeren
4 EL Weißwein
100 g Zucker
1 Ei und 2 Eigelbe
150 g geschlagene Sahne
1 EL Obstwasser

Für das Weingelee: Die Birnen schälen, entkernen und achteln. Die Ecken etwas abrunden und im Gewürztraminer mit dem Zucker etwa 5 Minuten weich dünsten. Die Birnen herausnehmen und in eine mit Folie ausgelegte Form geben. Den Kochfond nochmals etwa 3 Minuten reduzieren. Die in kaltem Wasser eingeweichte Gelatine gut ausdrücken und im Fond auflösen. Den Birnenfond etwas abkühlen lassen und in die mit Birnen gefüllte Form gießen, so daß die Birnen damit bedeckt sind. Im Kühlschrank in etwa 1 Stunde fest werden lassen.
Für das Eis: Die Holunderbeeren waschen und in Weißwein mit der Hälfte des Zuckers weich kochen. Im Mixer pürieren und das Mark durch ein Sieb passieren. Das Ei und die Eigelbe in einer Schüssel mit dem restlichen Zucker über Wasserdampf schaumig rühren, bis die Masse dick wird. Das Holundermark mit dem Eischaum mischen und erkalten lassen. Wenn die Masse erkaltet ist, die Sahne und das Obstwasser unterheben. In Förmchen füllen und im Gefrierfach etwa 4 bis 5 Stunden gefrieren.
Das Birnengelee aus der Form stürzen, die Folie entfernen und in Scheiben schneiden. Das Eis etwas antauen lassen, aus der Form lösen und alles auf den Tellern anrichten. Dazu paßt sehr gut Vanillesauce.

Fährt man von Darmstadt kommend in den Odenwald, dann erreicht man Groß-Umstadt, die „Odenwälder Weininsel". Groß-Umstadt gehört zum Weinanbaugebiet „Hessische Bergstraße", obwohl es 25 Kilometer von der Bergstraße entfernt liegt. An den Hängen des Odenwaldes, die bis an die Stadt heranreichen, wächst ein spritziger, rassiger Wein. Die Groß-Umstädter Winzer bevorzugen die Rebsorten Müller-Thurgau, Riesling, Silvaner, Kerner und Bacchus. Der Groß-Umstädter Weinbau ist bereits seit 985 durch das Güterverzeichnis der Reichsabtei Fulda beurkundet. Jedes Jahr findet am Wochenende nach dem 15. September das Groß-Umstädter Winzerfest statt. Mittelpunkt der Stadt ist der historische Marktplatz mit dem Marktbrunnen und dem Renaissance-Rathaus. Um den historischen Marktplatz herum trifft man in engen Gäßchen auf alte Fachwerkhäuser und gemütliche Weinlokale.

Storrmus

Szenen aus einer versunkenen Zeit: Trachten beim Lindenfelser Umzug.

3 Eier
375 g Mehl
½ Liter Milch
Salz
Ausbackfett

Aus den Eiern, dem Mehl, der Milch und Salz einen Eierkuchenteig herstellen. Diesen in eine Stielpfanne 1 cm hoch in siedendes Fett gießen, anbacken, wenden und mit 2 Gabeln zerreiben, fertigbacken und kurze Zeit in der geschlossenen Pfanne stocken lassen.
Dazu schmeckt grüner Salat.

In einer Zeit, in der man das tägliche Brot noch mehr zu schätzen wußte als heute, waren Speis und Trank Gegenstand von Volksweisheiten, Scherzen und Liedern. So sagte man einst vom Essen im Odenwald:

Lichtmeß –
Reiche Leit bei Dag eß'
Oame wann se's hawwe.

Zwische Ostern und Pfingste
Hot de Bauer am wingste.
Zwische Pingste un Earn
Kann er aa noch net sou
gewährn.

Zwische Ostern un Pingste
Gelle die Sai im wingste.
Wann die Quetsche bloue,
Krieje die Kälwer silverne Kloue.

Aus Küche und Keller

LATWERGE (links)
3 kg Pflaumen oder Zwetschgen
1 kg Zucker
1 gehäufter TL Zimt
1 gestrichener TL Nelkenpulver

HOLUNDERBLÜTENSIRUP (Mitte)
8 Holunderblütenstengel
2 kg Zucker
30 g Zitronensäure

ESSIGZWETSCHGE (rechts)
1000 g Zwetschgen
1 Liter Weinessig
500 g Zucker
3 Stangen Zimt
20 Nelken

LATWERGE (Zwetschgenmus)
Die Pflaumen oder Zwetschgen entsteinen, die Hälfte der Früchte durch den Fleischwolf drehen. Alle Zutaten in einen Topf geben, vermengen und über Nach ziehen lassen. Am anderen Tag unter ständigem Rühren zur sogenannten „Lappenprobe" kochen. Das bedeutet, das Mus soll lappig vom Kochlöffel herunterfallen. Sofort in heiß ausgespülte Gläser abfüllen und verschließen. Auf dem Kopf stehend auskühlen lassen.

HOLUNDERBLÜTENSIRUP
Holunderblüten abbrausen, in eine Schüssel geben und mit 1½ Liter Wasser auffüllen. Das Ganze dann für 2 Tage an einem warmen Ort zugedeckt ziehen lassen. Den Zucker und das abgeseihte Holunderwasser in einen Kochtopf geben, aufkochen und mit der Zitronensäure vermischen. Gleich in saubere Flaschen abfüllen und sofort verschließen. Im Sommer wie im Winter ist der Sirup mit kaltem oder warmem Wasser ein erfrischendes Getränk und, wenn man will, mit Winzersekt aufgegossen ein eleganter Aperitif oder eine gelungene Begleitung zum Dessert.

ESSIGZWETSCHGE
Zwetschgen mit einer Stricknadel viermal einstechen. Essig und Gewürze zweimal mit Zucker aufkochen und über die Zwetschgen geben. Noch einmal mit den Früchten aufkochen und heiß in Gläser füllen, sofort verschließen.

Einmachen, Einlegen und Trocknen, das waren die Konservierungsmethoden der Vergangenheit. Heute erleben sie wieder eine Renaissance. Selbsteingemachtes, ohne Konservierungsstoffe, schmeckt doch wie zu Omas Zeiten. Und wer könnte leugnen, daß es bei ihr doch am allerbesten mundete.

Holunderblüten-
Sirup

Rhabarberkompott mit Quark überbacken

Rhabarber ist eine der frühesten Früchte des Gartens, die wir oft schon während der ersten Baumblüte im April ernten können. Rhabarber hat einen hohen Gehalt an Zitronen- und Apfelsäure, auch Fruchtzucker, Gerbstoffe und Mineralsalze hat er zu bieten. Und für alle Hobbygärtner von großem Vorteil: Er ist pflegeleicht und nimmt so schnell nichts übel.

Für 6 Personen

800 g Rhabarber
100 ml Weißwein
300 g Zucker
3 Eier
300 g Schichtkäse
Milch oder Sahne nach Bedarf

Rhabarber waschen, schälen und in schöne Stücke schneiden. Weißwein mit 200 g Zucker aufkochen. Den Rhabarber in Portionen darin garen, so daß er noch fest bleibt. Dann erkalten lassen. Die Eier trennen. Die Eigelbe mit 100 g Zucker schaumig rühren. Den Schichtkäse durch ein Sieb streichen und zum Eigelb geben. Mit Milch oder Sahne so verdünnen, daß eine dickflüssige Masse entsteht. Das Eiweiß steif schlagen und unter die Quarkmasse heben. Die Quarkmasse über dem Rhabarberkompott verteilen und bei Oberhitze im Ofen überbacken, bis es leicht gebräunt ist.

HESSISCHE
0,75 l
9,5% vol.
L.A.-P.-Nr. 5 1004 016 93

Odenwälder Symphonie

Für eine Form von 25 cm Durchmesser

Für den Biskuit:
70 g Marzipan
70 g Eigelb
110 g Eiweiß
110 g Zucker
30 g Kakaopulver

Für das Schokoladen-mousse:
80 g süße Sahne
110 g Dörrpflaumen
20 g Butter
40 g Zucker
40 g Eigelb
200 g Valhrona Manjari Bitterkuvertüre (oder Zart-bitter-Kuvertüre)
400 g geschlagene Sahne
75 g Quetschewasser (Zwetschgenwasser)

Für das Honigmousse:
300 g Honig
150 g Eiweiß
17 g Gelatine
500 g geschlagene Sahne

Pflaumenmus zum Bestreichen

Für den Biskuit: Marzipan mit Eigelb schaumig rühren. Eiweiß mit dem Zucker steif schlagen. Das Kakaopulver sieben und unter die Eigelb-Marzipan-Masse heben. Dann das steife Eiweiß ebenfalls vorsichtig unterheben. Die Teigmasse in eine gefettete und mit etwas Mehl ausgestreute Springform geben und im vorgeheizten Backofen bei 180 °C etwa 15 Minuten backen. Herausnehmen, aus der Form lösen und auf einem Kuchengitter auskühlen lassen. Dann den Biskuitboden wieder in die Form geben.
Für das Schokoladenmousse: Die Sahne, die Dörrpflaumen und die Butter in einen Topf geben und etwa 10 Minuten einkochen lassen. Durch ein Sieb passieren oder mit dem Stabmixer fein zerkleinern und abkühlen lassen. Zucker mit Eigelb schaumig schlagen und unter die Pflaumen-Sahne-Masse heben. Die Kuvertüre in Stücke brechen und im Wasserbad schmelzen, dann ebenfalls unter die Sahne-Eigelb-Mischung geben. Danach die Schlagsahne und das Quetschewasser vorsichtig unterheben. Das Mousse in die vorbereitete, mit dem Biskuit ausgelegte Form einfüllen und kaltstellen.
Für das Honigmousse: Honig mit etwas Wasser auf 130 °C erhitzen, das Eiweiß in der Zwischenzeit zu Schnee schlagen. Sobald der Honig flüssig ist, langsam unter den Eischnee schlagen und so lange weiterschlagen, bis die Masse kalt ist. Die Gelatine in kaltem Wasser einweichen, ausdrücken und im Wasserbad auflösen, unter den Honig-Eischnee heben. Danach die Sahne ebenfalls vorsichtig unterheben. Die Honigmousse auf der Schicht Schokoladenmousse verteilen und die Torte kühl stellen.
Nach etwa 3 Stunden die Torte aus der Form lösen, mit Pflaumenmus bestreichen. Den Rand mit Schokoladeplättchen dekorieren und die Torten oben mit einigen Apfelspalten, Minzblättchen und, falls vorhanden, mit einem Stück Honigwabe verschönern.

Siefert

KÜRBISKERN-EISPARFAIT

Für die Parfaitmasse:
2 Eier
80 g Zucker
½ Vanilleschote
300 g Sahne
2 EL gemahlene, leicht geröstete grüne Kürbiskerne

Für die Garnitur:
2 feste säuerliche Äpfel
100 ml Apfelwein

Für die Parfaitmasse: Die Eier mit 50 g Zucker zuerst im warmen Wasserbad mit dem Schneebesen oder Handrührgerät schlagen, bis der Zucker aufgelöst und eine cremeartige Masse entstanden ist. Dann im kalten Wasserbad weiterschlagen, bis die Masse abgekühlt ist. Die Vanilleschote längs halbieren und das Mark herauskratzen, unter die Eiermasse rühren. Die restlichen 30 g Zucker mit der Sahne steif schlagen, alles zusammen mit den gemahlenen Kürbiskernen vorsichtig unterheben, in eine Form füllen und gefrieren lassen. Für die Garnitur: Die Äpfel schälen, entkernen und in Spalten schneiden. Den Apfelwein erhitzen, die Apfelspalten hineinlegen und bei schwacher Hitze 10 Minuten garziehen lassen. Das gefrorene Parfait aufschneiden, auf Tellern anrichten, die Apfelspalten ebenfalls auf dem Teller hübsch garnieren und von dem restlichen Saft darübergießen. Den Teller mit Puderzucker bestäuben und mit etwas Minze oder Melisse garnieren.

Bei diesem Dessert aus der neuen Odenwälder Küche werden Sommerträume wahr. Ungewöhnlich die Grundmasse aus Kürbiskernen, naheliegend die Kombination mit Äpfeln und Apfelwein.

Riwwelkuche

Für ein quadratisches Blech

Für den Teig:
30 g Hefe
1 Tasse Milch
2 EL Zucker
500 g Mehl
125 g Butter
1 TL Salz
2 Eier

Für den Belag:
nach Belieben Streusel oder Obst der Saison oder beides

Für die Streusel:
400 g Mehl
200 g Zucker
250 g Butter
100 g geriebene Mandeln
1 Vanillezucker
etwas Zimt

Tip:
Den Blechkuchen kann man nach Belieben belegen. Obst muß je nach Süße oder Säure etwas gezuckert werden. Wer's ganz üppig liebt, belegt mit Obst und Streuseln.

Für den Teig: Die Hefe zerbröckeln, mit wenig lauwarmer Milch auflösen, leicht mit Zucker bestreuen und gehen lassen. Unterdessen das Mehl in eine Schüssel sieben, eine Vertiefung eindrücken. Die aufgelöste Hefe da hineingeben, etwas verrühren und leicht mit Mehl bedecken. An einem warmen Ort gehen lassen, bis der Vorteig dreimal so groß geworden ist. Dann den restlichen Zucker, die Butter, Salz, Eier und den Rest der lauwarmen Milch zum Teig geben und alles tüchtig kneten, bis sich der Teig von der Schüssel löst. In einer Schüssel oder auf einem bemehlten Brett gehen lassen, bis er doppelt so groß ist. Auf dem gebutterten Blech ausrollen, mehrmals mit einer Gabel einstechen und nach Belieben mit Obst (Äpfel, Zwetschgen, Rhabarber, Stachelbeeren, Kischen) oder Streusel oder Quark belegen. Noch etwa 20 Minuten gehen lassen. Dann im vorgeheizten Backofen bei 220 bis 240 °C etwa 30 bis 40 Minuten backen, mit Streuseln belegter Kuchen etwa 12 bis 15 Minuten.
Für die Streusel: Alle Zutaten vermischen, so daß krümelige Streusel entstehen, und gleichmäßig auf dem Kuchen verteilen.

Der wohl am meisten gebackene Blechkuchen im Odenwald ist der Riwwelkuchen. Er ist im Gegensatz zu frischem Obstkuchen an keine Jahreszeit gebunden. Gegenüber manchen Obstkuchen, wie zum Beispiel dem Zwetschgenkuchen, hat der Riwwelkuchen den Vorteil, daß beim Backen kein Saft ausläuft und somit der Backofen nicht verschmutzt wird. Bei kleinen Familienfeiern werden gerne auf einem großen Kuchenblech je zur Hälfte Riwwel- und Zimtkuchen gebacken.
Früher bevorzugte man im Odenwald beim Riwwelkuchen einen hohen Teigboden. Dann wurde die Riwwelschicht mit dem Messer vom Teigboden getrennt, gegessen, und der Boden in den Kaffee „getunkt".

Apfelpfannkuchen mit Apfelweinschaum

Apfelwein, ob sauer oder süß, bekommt man nicht nur in Frankfurt, sondern in fast allen Odenwälder Gaststätten, sogar in den besten Restaurants. Kein Wunder, denn dieses Getränk ist seit Urzeiten ein Volksgetränk und auch kulinarisch eine Entdeckung, was dieser Apfelweinschaum beweist.

Für 1 Person

Für den Pfannkuchen:
2 EL Mehl
50 ml Milch
1 Ei
10 g zerlassene Butter
Zucker nach Belieben
½ Apfel (Delicious) geviertelt und in Scheiben geschnitten
Butter zum Backen

Für den Apfelweinschaum:
50 ml Apfelwein
1 Eigelb
1 EL Zucker

Tip:
Schöner sehen die Pfannkuchen aus, wenn man die Apfelscheiben ringförmig erst in der Pfanne auf den Teig legt.

Für den Pfannkuchen: Das Mehl mit der Milch glattrühren, das Ei zugeben, verrühren, dann die zerlassene Butter und den Zucker unterrühren. Zuletzt die Apfelscheiben zugeben. In einer Pfanne etwas Butter zergehen lassen und einen Pfannkuchen ausbacken.
Für den Apfelweinschaum: Die Zutaten verrühren und mit dem Schneebesen im heißen Wasserbad aufschlagen, bis bei etwa 70 °C das Eigelb zu Stocken beginnt und die Masse dick wird.
Den Pfannkuchen auf einem Teller anrichten, mit Puderzucker bestäuben und den Apfelweinschaum zugeben. Dazu paßt hervorragend frisches Vanilleeis.

Bieweraer Dunkes

KALT DUNKES
1 kg Kartoffeln
1 mittelgroße Zwiebel
2 EL Rotweinessig
1 EL Öl
Salz
Pfeffer

WOARM DUNKES
1 kg Kartoffeln
2 mittelgroße Zwiebeln
150 g geräuchertes Dörrfleisch
1 EL Mehl
etwas Brühe oder Wasser
1 Lorbeerblatt
2 EL Essig
Salz
Pfeffer

KALT DUNKES
Die Kartoffeln waschen und in der Schale weich kochen.
Die Zwiebel schälen und kleinhacken, Essig, Öl und etwa 1 Eßlöffel Wasser dazugeben. Mit Salz und wenig Pfeffer abschmecken. Dazu wird geräucherte Hausmacher Leber- und Blutwurst sowie Schwartenmagen gereicht.

WOARM DUNKES
Die Kartoffeln waschen und in der Schale weich kochen.
Zwiebeln schälen und würfeln, das Dörrfleisch in Scheiben schneiden oder ebenfalls würfeln und beides in eine Pfanne geben. Leicht anbraten, mit Mehl bestäuben und etwas braun werden lassen. Mit Brühe oder Wasser aufgießen, das Lorbeerblatt dazugeben, köcheln lassen und mit Essig, Salz und Pfeffer abschmecken. Dazu die Pellkartoffeln reichen.

Dunkes in allen Variationen ist eine Spezialität, die sich nicht nur in Groß-Bieberau allgemeiner Beliebtheit erfreut. Am besten schmeckt's natürlich mit neuen Kartoffeln. Für „Trocken Dunkes" mischt man ganz einfach grobes Salz mit frisch gemahlenem Pfeffer und Kümmel und stippt das Ganze mit Brot auf.

Die Rezepte nach Gruppen

Soweit in den Rezepten nichts anderes vermerkt ist, sind die Zutaten für vier Personen berechnet.

Vesper, Suppen und Eintöpfe

Fisch, Fleisch, Wild und Geflügel

Kartoffelgerichte und Beilagen

Süßspeisen, Desserts und Kuchen

Die Rezepte alphabetisch

Soweit in den Rezepten nichts anderes vermerkt ist, sind die Zutaten für vier Personen berechnet.

Dankeschön

Der Verlag bedankt sich bei folgenden Personen für die Mitarbeit an diesem Buch:

Restaurant Treusch „Im Schwanen“, Reichelsheim, Armin Treusch
Restaurant „Zur Krone“, Höchst-Hetschbach, Karl Wölfelschneider
Restaurant „Büchner“, Bad König, Klaus Wolf
Restaurant „Schwanen“, Beerfelden, Otto Heinrich Sattler
Restaurant „Mümlingstube“, Erbach, Dieter Mohr
Restaurant „Freiheit“, Reichelsheim-Laudenau, Jürgen Katzenmeier
Restaurant „Drei Hasen“, Michelstadt, Ernst Müller
Gasthaus-Pension „Dornrös'chen“, Höchst-Annelsbach, Peter Merkel
Café-Konditorei „Siefert“, Michelstadt, Bernd Siefert
Landrat Horst Schnur, Beerfelden-Olfen
Willi Weckbach, Michelstadt-Steinbach

Bildquellen

Bilderberg: 38 Eberhard Grames; 146 Wolfgang Kunz
IFA: 88 Deuter; 142 Elfner; 46,66 Kopetzky; 150 Lederer; 78 Pahlke; 134 Riedel
Sigloch Edition/Bildarchiv: Hans Joachim Döbbelin 50/51, 80/81, 112/113, 132/133 sowie alle ungeraden Seitenzahlen von 55–153;
Erich Spiegelhalter: 39
Visum: 25 (beide), 110, 124 Michael Wolf
Willi Weckbach: 2, 3, 6, 7, 9, 10/11, 12, 13 (beide), 14, 15, 16 (beide), 17, 18, 19 (beide), 20/21, 22, 23, 24, 26, 28, 29, 30, 31, 32, 33, 34, 35, 37, 40, 42, 43, 45, 47, 48, 49, 50, 51, 72, 82, 138

Internet: www.sigloch.de

Printed in Latvia.
Druck und Bindearbeiten: A/S Preses Nams, Riga – Latvia
ISBN 978-389393-118-7

Reihenweise Kulinarische Köstlichkeiten

In gleicher Ausstattung sind weitere Titel lieferbar.